" One drink is too many for me and a thousand not enough "

- Brendan Behan -

아 일 랜 드   펍 에   가 자

낮술도 괜찮아요,
여긴 아일랜드니까요

| 만든 사람들 |

기획 인문·예술기획부 | **진행** 김가영 | **집필** 심은희 · Richard Eager | **편집·표지디자인** 신정은

| 책 내용 문의 |

도서 내용에 대해 궁금한 사항이 있으시면
저자의 홈페이지나 디지털북스 홈페이지의 게시판을 통해서 해결하실 수 있습니다.
디지털북스 홈페이지 www.digitalbooks.co.kr
디지털북스 페이스북 www.facebook.com/ithinkbook
디지털북스 카페 cafe.naver.com/digitalbooks1999
디지털북스 이메일 digital@digitalbooks.co.kr

| 각종 문의 |

영업관련 hi@digitalbooks.co.kr
기획관련 digital@digitalbooks.co.kr
전화번호 (02) 447-3157~8

아 일 랜 드 펍 에 가 자

낮술도 괜찮아요,
여긴 아일랜드니까요

글 심은희 / 사진 Richard Eager

Prologue

작년, 아일랜드의 궂은 날씨를 온몸으로 느끼며 방방곡곡을 돌아다녔다. 부족한 글 솜씨로나마 내가 느낀 이곳을 함께 나누고 싶었기 때문이다. 그렇게 서투른 열정으로 완성된 책 <아일랜드에 바람이 불었다 / 내 마음에 파도가 일었다>가 지난 1월에 출판되었다. 종이에 잉크도 아직 마르지 않을 무렵, 나는 다시 펜을 들었다. 아일랜드 곳곳을 돌아다니며 목이 마를 때마다 펍을 찾았고, 그곳에서 아이리시와 대화를 나누며 그들의 일상을 느끼게 되었다. 아일랜드(Ireland)는 '펍'이라는 아일랜드(Island)로 촘촘히 이뤄진 것은 아닐까, 하고 생각할 정도로.

물에 빠져 봐야만 물의 깊이를 알 수 있듯, 그 사회를 깊이 이해하기 위해서는 현지인처럼 살아봐야 한다. 아이리시는 기쁠 때나 슬플 때나 펍을 찾는다. 아무 이유 없는 보통날에도, 이유가 없어서 펍을 찾는다. 차 한잔을 마시기도 하고, 술을 차처럼 마시기도 하고. 그러면서도 건설적인 토론이 오가고 삶에 대한 진지한 성찰을 놓치지 않는다. 그들을 이해하기 위해

서는 곳곳에 거미줄처럼 퍼진 펍을 탐닉해야 함이 분명하다.

리차드와 나는 인터넷, 여행 책, 지역 주민의 평판 등을 참고해서 100곳의 펍을 발견했다. 역사, 외관, 맥주 등 보석 같은 이야기들이 리피 강(Liffey River)이 흐르듯, 자연스럽게 흐른다. 무언가 끄적거리면서도 정작 나는 여행 참고서를 따라 여행하는 성격이 아니다. 독자분들도 참고만 하셨으면 좋겠다. 여기에 적힌 100군데를 빼고, 나만의 100군데를 발견하는 것도 큰 즐거움이리라. 우연히 맞닥뜨린 골목에서 발견한 어둑한 공간이, 이름난 간판의 허름한 옆집이, 소낙비를 비해 들어간 곳이 최고의 파인트를 선물해 줄지도 모를 일이다. 모든 여행자의 여행을 진심으로 응원하며, 언제나 우리를 응원해 주시는 부모님께 감사한 마음을 전한다.

심은희 · Richard Eager

Contents

아이리시의 꿈결을 거슬러,
Leinster 렌스터

Dublin

오래된 부둣가를 거닐며,

Munster 먼스터

옛 시인의 노래를 쫓아,

Connacht 코노트

Galway

새하얀 평화의 날개를 달고,

Ulster 얼스터

멀지만 가까운 나라, 아일랜드

북대서양 북동부에 위치한 아일랜드는 우리나라 영토의 약 84% 정도밖에 되지 않는 섬나라다. 460만 명의 인구가 살고 있고, 우리나라에서는 13시간 이상을 비행해야만 도착하는 먼 나라다. 그것도 직항은 없고 인근 유럽 도시를 경유해야만 한다. 한국 시간보다 9시간이, 서머 타임에는 8시간이나 늦다. 이렇게 한국과 아주 멀리 떨어져 있지만 아일랜드는 '유럽의 한국'이라고 불릴 정도로 우리와 역사, 정치, 경제 그리고 여흥을 즐길 줄 아는 기질까지 닮았다.

아시아에서 한국인이 술을 좋아하기로 으뜸이라면, 유럽에서는 아이리시가 그렇다. 둘이 대작을 한다면 아마 어느 한쪽이 기절하기 전에는 판가름이 나지 않을지도 모른다. 아일랜드 전역에 거미줄처럼 분포한 펍(Pub)에서 수많은 아일랜드 문화가 탄생하고 발전해 왔다. 펍은 퍼블릭 하우스(Public House)의 줄임말로, 아일랜드, 영국, 캐나다, 호주 등 서양 문화권에서 술과 음식을 파는 대중 술집을 일컫는 말이다.

펍을 피해서 더블린을 걷는다는 것

제임스 조이스(James Joyce)는 현대 문학의 걸작이라고 불리는 <율리시스(Ulysses)>에 '펍(Pub)을 피해서 더블린을 걷는다는 것은 마치 퍼즐게임을 벌이는 것과 같다'고 했다. 더블린 곳곳은 물론, 작은 시골 마을에 가도 빼놓지 않고 볼 수 있는 펍은 아이리시의 일상과 떨어질 수 없는 곳이다.

심지어 아일랜드에는 1100년 전부터 펍이 존재해 왔다. 션 바(Sean's Bar)는 '세계에서 가장 오래된 펍'으로 기네스 기록 등재를 기다리고 있다. 활자 속의 펍이 아니라 여전히 많은 사랑을 받고 있는 펍의 이야기나. 긴 세월을 함께해 온 것에서 느껴지듯, 아이리시에게 펍이란 생활의 일부다. 술집, 카페, 레스토랑 때로는 공연장이다. 사회적인 관계를 맺고, 건설적인 토론을 통해 삶에 대한 진지한 성찰을 얻는 곳도 펍이다.

예술가가 사랑한 펍, 펍이 꽃피운 예술

애주가 못지않은 아이리시의 또 다른 명성은 남다른 기질이다. 그들은 열정적이고 낭만적이면서 때로는 호전적이다. 그러면서도 금세 술 한잔 기울이며 사람 좋은 웃음을 짓는 이들도 아이리시다. 그들은 술과 음악을 사랑하는 유전자를 타고난 것 같다. 펍이나 길거리, 어디에서나 멜로디가 흐른다.

타고난 민족적 기질 덕인지, 아일랜드에는 유독 세계적인 뮤지션들이 많다. 전설이 된 밴드 '유투(U2)', 헤비메탈의 숨은 보석 '신 리지(Thin Lizzy)', '더 더블리너즈(The Dubliners)', '크리스티 무어(Christy Moore)', 그리고 우리에게도 잘 알려진 '스웰 시즌(The Swell Season)'은 영화 〈원스(Ones)〉의 남녀 주인공인 글렌 핸사드와 마르게타 이글로바가 만든 그룹이다. 이들 중 대부분이 펍에서 공연을 했고, 펍은 그들의 음악적 재량을 갈고닦을 수 있는 좋은 무대를 제공해 주었다.

실로 아일랜드의 펍을 탐닉한다는 것은 아일랜드의 음악부터 문화까지 그들의 일부와 전부를 돋보기로 들여다보는 것과 같다.

Westmeath

Dublin

Leinster

Laois

Wicklow

Kilkenny

Wexford

Dublin 더블린 / Wicklow 위클로우 / Wexford 웩스포드 /
Kilkenny 킬케니 / Laois 레이시 / Westmeath 웨스트미스

아이리시의 꿈결을 거슬러,
Leinster 렌스터

황금색의 수려한 건물은 트리니티 대학과 마주 보는 가운데에도 눈에 띈다. 블록으로 쌓아 올린 작은 성
같은 이 건물을 지나칠 때마다, 우리는 무언가 특별한 것이 있을 것 같다고 이야기하곤 했다. 이른 아침에
는 붉은 태양만큼 화려하고, 저녁이면 자연스럽게 석양에 물든 건물은 누구보다 고고해 보였다.

365일 축제의 장,
The Temple Bar

47-48 Temple Bar, Dublin 2

'템플 바(Temple Bar)'에는 많은 '펍'들이 즐비해 있다. 그런데 바 안에 무슨 펍이냐고? 얼핏 들어서는 하나의 펍 이름 같지만, 템플 바는 리피 강 남쪽의 웨스트모얼랜드 거리(Westmoreland Street)와 피시앰블 거리(Fishamble Street)가 포함된 구역의 이름이다. 물론 템플 바 안에 더 템플 바(The Temple Bar)도 있으니 절반은 맞는 얘기다.

자갈길과 빛바랜 페인트가 여기저기에 채색되어 있는 템플 바는 거리의 악사, 365일 축제 분위기로 밤낮없이 활기차다. 국적을 다 파악하기도 힘들 만큼 수많

은 여행자들이 이곳을 방문한다. 그러다 보니 정작 아이리시를 만나기란 쉽지 않은 것이 사실이다. 수많은 펍들, 갤러리, 극장 등이 모여 있어 일상에서의 술 한잔보다 하룻밤 파티가 끊이지 않는 곳이다.

자갈길을 밟고 템플 바를 걷다 보면, 저 골목 끝에서 중세 시대 부인이 마차를 타고 나올 것만 같다. 그러나 중세 시대를 본떴을 뿐, 중세의 흔적은 하나도 남아 있지 않다고. 19세기까지 번화가였던 이 구역은 시내 중심지가 확장되면서 더블린의 뒷골목으로 전락한 적도 있었지만, 지금은 문화 예술의 장으로 여행자들의 사랑을 받는 관광 명소가 되었다.

트리니티 대학의 윌리엄 템플

더블린의 엽서에 등장하는 단골 손님 중에 하나가 더 템플 바다. 언제나 템플 바의 빨간 벽돌 앞에서 사진을 찍는 여행자들을 볼 수 있다. 템플 바는 17세기 초, 트리니티 대학의 학장이었던 윌리엄 템플(William Temple)의 집과 정원이 있던 곳에 지어졌다.

근엄한 학자였을 것 같은 이미지와 다르게, 그는 사리사욕을 채우기에 급급했던 욕심쟁이였다. 영국의 제임스 왕으로부터 신교를 전파하라는 명을 받고 아일랜

드에 왔지만, 그는 자신의 지위를 남용해 땅을 사들이기에 바빴다. 그는 자손들을 위해 템플 바에 위치한 집과 정원을 200년 기한으로 계약하기도 했다.

의문의 사나이

템플 바 안으로 깊숙이 들어가면 장신의 청동상이 나온다. 실제 사람과 같은 키를 자랑하는 그의 한 손에는 위스키가, 한 손에는 유리잔이 들려 있다. 누군가를 바라보며 외치는 것 같기도 하고, 위스키를 마시다 그 흥에 취한 것 같기도 하다. 템플 바에서 만큼은 옆방에 위치한 제임스 조이스(James Joyce, 1882-1941)의 청동상보다도 더 유명하다. 그는 누구일까.

많은 사람들이 그가 유명 인사라고 짐작하지만, 아무도 그에 대해 알지 못한다. 그는 '알려지지 않은 위스키 드링커(The Unknown Whiskey Drinker)'라고 불린다. 그는 언제나 '중요한 날'에 템플 바에 방문했다고 한다. 1939년 제 2차 세계 대전이 발발했을 때, 1953년 한국 전쟁이 휴전 협정을 맺었을 때 등 세계적으로 의미 있는 날에 이곳에 들려 위스키를 비워 냈다.

때때로 술에 취해 기분이 좋으면, 위스키 통으로 점프해서 연설가처럼 떠들었다고 한다. 그중 그가 가장 시끄러웠을 때는 1960년, 존 F 케네디가 당선되었을 때라고. 아무도 그의 이름을 몰랐지만 사람들은 그의 방문 날짜를 점쳐 보는 이벤트도 펼쳤다. 1992년에 템플 바를 인수한 클레어리(Clary) 가문은 그의 청동상을 제작했다. 수십 년이 지났지만 모두들 그의 재방문을 고대하고 있다. 그는 누구일까.

템플 바의 유명 인사,
The Auld Dubliner

24-25 Temple Bar, Dublin 2

큰 외투를 걸쳤어도 배가 불룩한 거구의 몸집을 숨길 수 없다. 덥수룩한 수염이 얼굴의 반을 차지하는 그의 곁에는 항상 검은색 강아지가 있다. 빨간 벽화에서 금방이라도 튀어나올 것 같은 그는 템플 바에 위치한 올드 더블리너(The Auld Dubliner)의 주인공이다. 고어인 'Auld'는 'Old'라는 뜻이다.

노인이 그려진 빨간 벽화는 템플 바에서 많은 여행자들이 들르는 지점이다. 자타공인 이 거리의 유명 인사와 사진 한 장을 찍고, 펍으로 들어가는 것이 순서다. 특별할 거 없는 내부야말로 이 펍이 가진 가장 특별한 매력이다. 아일랜드 어디에서나 볼 수 있는 적갈색의 나무 테이블, 로고가 새겨진 화려한 거울 그리고 파인트 한 잔은 아일랜드의 펍을 더욱 진솔하게 보여 준다.

The Auld Dubliner? The Auld Foreigner!

축제 기간에 펍은 발 디딜 틈도 없이 분주하다. 2016년 1월 27일부터 31일까지, '템플 바 트래드 페스티벌(Temple Bar Trad Festival)'이 템플 바 곳곳의 펍에서 열렸다. 2006년에 시작된 축제는 어느덧 아일랜드에서 가장 규모가 큰 전통 음악 축제로 거듭났다. 올드 더블리너는 공연이 열린 펍 중 하나였다.

일찍 자리를 맡는다고 신경 써서 갔지만, 공연이 열릴 2층은 이미 자리가 없었다. 우리는 뒤에서 노래를 듣는 것만으로 만족해야 했다. 열기를 느끼며 함께 축제의 흥을 즐기는 데는 전혀 문제가 없었다. 그날로부터 며칠 후, 우리는 한가한 오후 시간에 펍을 다시 방문했다. 낮과 밤이 다른 여인처럼, 템플 바와 펍은 전혀 다른 장소처럼 느껴졌다.

오후의 티 타임을 즐기는 사람들도 있고, 한 잔의 맥주로 청량감을 충전하는 이들도 보였다. 감미로운 오후의 음악은 나른한 분위기를 더했다. 그러다가 문득 여기저기에서 들려오는 낯선 언어에 주위를 둘러보았다. 펍의 이름처럼 올드 더블리너는 찾아볼 수 없었다.

더블린에는 유명한 말이 있다. '더블리너를 만나고 싶으면 템플 바를 벗어나라'는 것. 재미있는 사실은 더블리너 사이에서 이곳이 '올드 외국인(The Auld Foreigner)'이라고 불린다는 거다. 더블리너보다 많은 여행자들이 '기네스(Guinness)' 한 잔을 마시는 곳이기 때문이다.

플랜 브라이언의 기네스 한 잔,

The Palace Bar

21 Fleet St, Dublin 2

When things go wrong and will not come right
Though you do the best you can,
When life looks black as the hour of night—
A pint of plain is your man.

Flann O'Brien, 1939

최선을 다했음에도 잘 풀리지 않았을 때, 인생이 칠흑 같은 어둠처럼 보일 때 한 잔의 플레인(Plain)만이 유일한 벗이라는 플랜 브라이언(Flann O'Briaen, 1911-1966)의 시 〈The Workman's Friend〉의 한 구절이다. 여기에서 '플레인'은 한 잔의 '스타우트(Stout)'를 말하는 것이다. 이 시는 많은 곳에서 인용되며 사랑을 받아 왔다.

플랜 브라이언은 플리트 거리(Fleet Street)의 시작점에 위치한 팔라스 바 (The Palace Bar)에 종종 들르곤 했다. 1900년대 초, 이곳은 이미 당대의 예술가들에게 널리 알려졌었다. 그들은 문학적인 고민을 함께 나누고 바람 앞 촛불 같은 국운을 걱정하기도 했다. 어느 날, 플랜 브라이언이 마신 기네스 한 잔이 그에게

시적 영감을 준 것은 아닐까.

1940년대에 들어오면서부터는 언론인들 사이에서도 팔라스 바가 유명해졌다. 아이리시 타임즈의 편집자인 R.M Smyllie는 주로 이곳에서 문학 모임을 열었고 많은 언론가들이 모였다. 당시에 신문은 전달 수단으로서 힘이 막강했기 때문에 모두들 그에게 눈도장을 찍으려 한 것이다. 근래에는 노벨 문학상을 수상한 셰이머스 히니(Seamus Heaney, 1939-2013)가 펍을 찾았다. 팔라스 바는 아이리시 작가들의 예술혼을 복돋아 주는 모양이다.

한정판 단 1000병, 팔라스 위스키

1823년에 문을 연 이곳은 여전히 빅토리안 시대에 머물러 있다. 템플바의 펍들 중에서도 몇 안 되는 보존 상태가 좋은 펍이다. 특히 '위스키 궁전(Whiskey Palace)'이라고 불리는 2층은 아담하지만 긴 역사를 가지고 있다.

더블린에서 특정한 펍들이 위스키를 만들 수 있도록 허용이 되었을 때부터 팔라스 위스키의 전통도 시작되었다. 현재는 한정판 위스키로 3대째 그 전통을 이어 오고 있다. 9년, 12년, 14년산의 위스키를 각각 1000병씩 만들어 한 잔에 9유로에 맛볼 수 있다.

내가 주문한 것은 14년산 팔러스 바 위스키로 1000병 중에 828번째 병이었다. 옅은 진홍색 한 모금은 목을 타고 들어가 속을 뜨겁게 달궜다. 향긋한 향기가 코로 한 번 그리고 목 넘김으로 또 한 번 느껴졌다. 나머지 180병이 사라지기 전에 언젠가 다시 한잔을 맛보고 싶다. 특별한 곳에서의 특별한 위스키 한 잔은 충분한 가치가 있다.

하페니 다리와 펍의 우정,
Merchants Arch Bar

49 Wellington Quay, Dublin 2

하페니 다리(Ha' penny Bridge)가 엽서 속 더블린의 아이콘으로 떠오를 동안, 매번 아쉬운 눈물을 삼키는 이가 있다. 오늘 우리가 주목해야 할 곳은 하페니 다리와 템플 바를 잇는 머천트 아치 바(Merchants Arch Bar)다. 더블린의 낭만을 완벽히 담고 싶다면 카메라 렌즈 속, 하페니 다리는 머천트 아치 바와 함께여야 한다.

머천트 아치 바(Merchants Arch Bar)가 현재 사용하고 잇는 건물은 1821년, 건축가인 프레데릭 달리(Frederick Darley)가 23살 때 지은 것이다. 이후 그는 아일랜드의 유명한 건축가로 이름을 알리게 되는데, 생전 그의 작품 중에서도 주목을 받은 곳이 바로 이곳이다. 초기에는 아일랜드 재단사 협회의 건물이었다가 1900년대 초반부터 1980년까지 셔츠 공장으로 사용되었다.

머천트 아치 바는 19세기, 협회 건물로 사용된 곳 중에서도 여전히 변치 않는 내부를 간직하고 있다. 화강암으로 만들어진 나선형 계단, 높은 천장 그리고 조지안 스타일의 창문 등 건물 내부는 그 시절이 고스란히 담고 있다. 내부와 더불어 템플 바로 이어지는 외관의 아치를 감상하는 것은 두 배의 즐거움이다.

머천트 아치 바에서는 오전의 '아이리시 블렉퍼스트(Irish Breakfast)'부터 늦은 시간, 맥주에 딱 어울리는 요리까지 주문이 가능하다. 게다가 일주일 내내 라이브 음악을 들을 수 있다. 우리는 1층이 훤히 내려다보이는 2층의 가장자리에 앉았다. 이날 따라 젊은 가수는 올드 팝송을 주로 불렀다. 미국인은 물론이고 유럽인, 아시아인 모두가 한 번쯤은 들어 보았을 노래였다. 노래는 그 세월이 추억으로 새겨지는 휴대용 저장 장치와 같다. 모두들 향수에 잠긴 채 노래를 흥얼거렸다.

문득 밖을 내다보니, 어느새 어스름한 저녁 노을을 삼켜버린 까만 강물과 진주 같은 하페니 다리가 차창을 메우고 있었다. 2백년 전에 만들어진 하페니 다리는 통행료로 2분의 1페니를 지불한 것에서 이름이 유래했다. 하페니 다리는 펍과 제일 가깝다. 말을 하지 않아도 서로가 있기에 더욱 빛나고 있음을 모르지 않을 터. 영원히 하페니 다리만 바라보는 펍과 손을 뻗으면 닿을 만큼 가까이에 있는 다리의 우정이 지속되길 바란다.

실수 없는 여행,
Fitzgerald Bar

22 Aston Quay, Dublin

여행을 시작하면서부터 나는 실수에 관대해지는 버릇이
생겼다. 그 당시에는 마음이 상하더라도 시간이 지나서는 오
히려 기억에 남는 경우가 있기 때문이다. 여행은 실수마저 추
억으로 만들어 버리는 신비한 힘을 가지고 있다. 실수 없는
여행이 어디에 있고, 따지고 보면 여행에서 무엇을 실수라고
부를 수 있는가 말이다.

사실 이 펍은 처음부터 찾아가려고 했던 곳은 아니다. 맛
있게 점심을 먹고 주인과 이야기를 하면서 아차, 하고 깨달았
다. 내가 생략해 버린 단어 하나로 인해 전혀 다른 곳에 와 버
렸다는 것을. 제임스 조이스의 〈율리시스〉와 〈더블린 사람
들〉에서 언급된 애초의 목적지는 'Charles Fitzgeralds'이고
템플 바에 위치한 이곳은 'Fitzgeralds'다.

템플 바에 속하지만 템플 바 방향의 오코넬 다리(O'Connell Bridge) 앞이라고 하면 찾기가 더 쉽다. 더블린을 여행하는 사람치고 오코넬 다리를 모르지 않을 것이다. 아일랜드에서 가톨릭의 해방을 이루어낸 다니엘 오코넬(Daniel O'Connell, 1775-1847)의 이름에서 기인한 오코넬 다리는 수직 길이보다 수평 너비가 긴 다리다. 거의 정사각형 모양에 가깝다.

기네스 고기 파이를 맛보세요

차림표를 보고 행복한 고민에 빠졌다면 영국과 아일랜드의 대표 음식인 고기 파이(Meat Pie)를 맛보는 건 어떨까. 고기 파이는 파이 사이에 조미한 다진 고기를 넣은 것인데 피츠제럴드 바에는 '비프 엔드 기네스 파이(Beef and Guinness Pie)'가 있다.

파이와 함께 미니어처처럼 앙증맞은 기네스 컵이 나온다. 기호에 따라 파이에 첨가해도 되고, 소인국에 온 심정으로 살짝 맛을 보아도 좋다. 파이지만 일반적인 동그란 파이가 아니다.

나는 스튜처럼 걸죽한 소스에 겹겹이 나뉜 패스츄리를 퐁듀처럼 찍어 먹었다. 거기에 담백한 칩스를 곁들이니 든든한 한 끼 식사로 충분했다. 이외에도 다양한 '얼리 버드 런치 메뉴(Early Bird Lunch Menu)'가 있어서 점심에는 합리적인 가격에 다양한 음식을 맛볼 수 있다.

스너그(Snug, 펍에서 몇 사람만 앉을 수 있는 작은 방이나 좁은 공간)에 자리 잡은 우리는 점심을 먹고도 조금 더 머물렀다. 안락한 스너그는 부담 없이 쉬어 갈 수 있는, 그래서 더 파고들게 되는 나그네의 쉼터다. 한낮의 휴식을 적절히 취한 덕에 나의 오후는 활기를 되찾았다. 이만하면 찰스(Charles) 없이도 억울하지 않은 펍이 아닌지.

유럽 경제의 본사? 락 음악의 본사!,
Bruxelles

7-8 Harry St, Dublin 2

브뤼셀(Bruxelles)은 1886년에 문을 열었지만, 지금과 같은 이름과 형태를 갖추게 된 건 1973년부터다. 1973년, 아일랜드가 지금의 EU인 유럽경제공동체(European Economic Community, ECC)에 가입했을 무렵, 펍은 이름을 변경했다. ECC의 본사가 벨기에의 브뤼셀에 있고 'Bruxelles'는 '브뤼셀'의 프랑스식 표기다. ECC의 본사가 브뤼셀에 있는 것처럼, 음악의 중심은 바로 이곳이라고 말하고 싶었던 걸까.

그들의 바람대로 펍은 뮤지션들의 산실이 되었다. 가장 유명한 고객은 더블린에서 조직된 락 밴드, '딘 릿지(Thin Lizzy)'의 멤버인 필 리놋트(Phil Lynott)다. 그는 이곳에서 공연도 하고, 술도 마시면서 그의 음악적 감성을 키워 나갔다. 펍 입구 앞에는 실제 그의 체격과 똑같은 청동상이 서 있다. 수많은 뮤지션들이 공연을 펼치는 그

래프턴 거리(Grafton Street)에서 어느덧 그는 이곳을 대표하는 뮤지션이 되었다.

오늘의 공언은 밴드가 자신의 노래 이외에도 다른 가수의 유명한 곡들을 부르는 '커버 뮤직' 스타일로 진행되었다. 혹시 딘 릿지의 노래를 들을 수 있을까 기대하던 중에 밴드는 '위스키 인 더 자(Whisky in the Jar)'를 들려주었다. 영국 싱글 차트에도 올랐던 '딘 릿지 버전'의 노래는 오늘의 딘 릿지를 있게 한 대표적인 명곡이다. 노래를 들으며 우리는 필 리놋트가 즐겨 마셨다는 조니 워커의 '레드 위스키(Johnnie Walker Red)'를 주문했다.

각 층마다 다른 분위기, 골라서 즐기세요

1층이 전통적인 아일랜드 펍과 다르지 않다면, 지하는 조금 더 개방적이고 젊은 열기가 느껴진다. 브뤼셀이 70년대 락 음악의 산실로 이름이 알려졌던 데에는 그들의 아지트가 되었던 브뤼셀 지하의 역할이 크다. 지하의 바(Bar) 옆으로 깊숙이 위치한 스너그에는 이곳을 즐겨 찾았던 필 리놋트의 그림이 걸려 있다.

브뤼셀은 각 층마다 다른 분위기를 가지고 있다. 전통 스타일의 바, 스포츠 바, 락 바 등 다양한 매력으로 더블리너와 여행자들을 만족시킨다. 또 하나의 바는 1960년대에 문을 연 조디악 바(The Zodiac Bar)다. 때마침 펍이 여성들에게도 자유로운 입장을 허용하면서 여성들에게도 인기가 많은 곳이었다고. 요즘은 주로 얼터너티브 락(Alternative Rock) 음악을 들을 수 있는 곳으로, 지하와 마찬가지로 이용 연령층이 낮다.

도허니&네즈빗의 경제 학교,

Doheny & Nesbitt

5 Baggot Street Lower, Dublin 2

　더블린을 대표하는 장소들 중에서도 도허니&네즈빗(Doheny&Nesbitt)은 항상 사진가들의 인기 피사체가 되곤 한다. 굳게 앙다문 듯한 듬직한 오크 통, 옛 고급 잡화점에 어울릴 법한 날카로운 거울은 그림 같은 구도를 완성한다. 때때로 붉은 색으로 만개한 꽃들이 검은 간판을 밝혀 주면서 펍은 한 장의 사진으로 영원히 남게 된다.

　펍의 주변에 정부 건물과 회사들이 많다 보니 이곳의 주 고객은 멀쑥하게 양복을 차려 입은 정치인들, 언론인들 그리고 회사원들이다. 오후 6시가 되면, 펍은

퇴근하고 몰려든 그들로 금세 자리가 찬다. 그들의 주된 대화 주제가 '경제'이기 때문에 펍은 '도허니&네즈빗의 경제 학교'라는 별명을 가지고 있다.

1840년에 문을 열었지만, 지금과 같은 이름을 갖게 된 건 1910년부터다. 천장을 오리지널 디자인을 따라 보수한 것을 제외하면, 대부분은 빅토리안 스타일을 유지하고 있다. 펍의 앞쪽은 가장 먼저 지어진 부분인데, 칸막이의 한편에는 여전히 성냥을 위한 부싯돌이 있다. 벽면에 달린 담배 회사의 옛 광고판을 보면서 100년 전, 이곳을 가득 채웠을 희끄무레한 연기가 상상되었다.

작은 문이 달린 스너그는 기존의 많은 펍들에서 보아 왔듯 그 활용이 짐작되었다. 아니나 다를까, 불과 30년 전까지만 해도 도허니&네즈빗은 여성들이 펍 안을 돌아다니는 것을 허용하지 않았다고 한다. 스너그는 여성들이 맥주를 마실 수 있는 유일한 공간이었던 셈이다.

둘이 먹기에 딱 좋은 짭짤한 안주

펍은 맛있는 식사와 합리적인 가격으로도 소문이 났다. 펍에서 보통 13~15유로인 피시 앤 칩스가 이곳에서는 10유로인 것만 봐도 그렇다. 우리는 맛있는 식사를 기대하며 저녁 겸 안주로 'Mixed platter for two'를 주문했다. 2인용으로 17

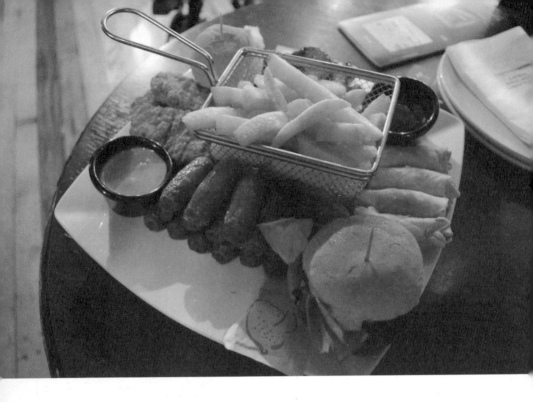

유로니 가격도 나쁘지 않았다. 가볍게 기네스로 목을 축이다가 마침내 메뉴가 나왔을 때, 우리는 '굿 초이스'라며 건배를 외쳤다.

　미니 햄버거, 치킨 윙, 소시지, 스프링 롤, 칩스 거기에 내가 좋아하는 치킨 구종즈(Goujons)까지. 다채로움과 함께 신선하고 바삭한 식감까지 마음에 들었다. 치킨 구종즈는 닭가슴살 튀김으로 '치킨 텐더'와 비슷하다. 생각보다 양이 많아서 가벼운 안줏거리로는 성인 2~3인에게 적합하다.

수수한 매력,
Dunphy's

41 George's Street Lower, Dún Laoghaire, Co. Dublin

타라 스트리트 역(Tara Street Station)에서 20분간 더블린과 근교 마을들을 이어주는 경전철인 다트를 타면, 던리어리 역에 도착한다. 영화 〈P.S 아이 러뷰 유(P.S. I Love you)〉에서 뉴욕 여자 홀리도 혼동했던 그 지명이 '던리어리(Dun Laoghaire)' 다. 게일어 지명으로, 표기와 읽기 방법이 다르

기 때문에 그녀처럼, 어떻게 읽어야 할지 고민이 되는 것은 당연하다. '던리어리'라는 지명은 5세기경, 아이리시 왕의 이름에서 기인했다.

한적한 거리에 노래가 울려 퍼지는 몇 군데의 펍을 지나 던피(Dunphy's)에 도착했다. 고동색의 점잖은 외관처럼 여기저기에서 이야기를 나누는 조곤조곤한 목소리만이 들려왔다. 언제나처럼 음악도, 공연도 없다. 19세기 후반에 문을 연 던피

는 던피 가문이 시작해 3대째 운영되어 오는 펍이다.

하나라도 더 알려 주고 싶어 했던 다른 펍들과 달리, 이마에 주름이 가득한 직원은 미소로 대답을 대신했다. 특별할 것이 없다는 그의 말에서 편안함과 겸손함이 느껴졌다. 홀로 잔을 비워 내는 사람들이 더러 보였다. 부담스럽지 않은 던피의 매력에 많은 사람들이 이곳을 찾는 것은 아닐까, 하고 생각했다. 펍을 닮은 직원인지 직원을 닮은 펍인지 모를, 수수한 들꽃 같은 매력에 말이다.

던피의 바(Bar)는 일자형으로 길다. 펍이 처음 문을 열었을 때보다, 지금은 2배가 커졌다. 조지 거리 로어(George's Street Lower)에 위치한 집들은 당시에 앞부분을 가든으로, 뒷부분을 하우스로 사용했는데 오로지 던피만 반대였다. 앞부분을 펍으로 사용하고, 이후 뒷부분과 위층을 이어 짓는 바람에 당시 이 거리에서 눈에 띄게 큰 건물이 되었다.

세계 최장 기간의 파업

던피에서 몇 발자국 떨어지지 않은 곳, 어퍼 조지 거리(Upper George's Street)에 세계에서 최장 기간의 파업으로 기록된 펍이 있다. 다우니 펍(Downey's pub)의 주인이었던 제임스 다우니가 바텐더를 해고하자, 다른 직원들이 동참해 파업을 시작했다. 화가 난 다우니가 모든 직원들을 해고했고 그들은 14년 동안 피켓을 들고 펍 앞에서 파업을 지속했다.

이 일화는 점차 유명해져 세계의 많은 신문들이 앞다투어 보도했고 시위를 보기 위해 많은 여행자들이 다우니 펍을 방문하기도 했다. 1939년에 시작한 파업은 다우니가 죽던 해인 1953년이 되어서야 끝이 났다. 세계에서 가장 긴 파업으로 기록되며 마침내 펍도 1976년, 역사 속으로 사라졌다. 지금은 그 자리에 던리어리 쇼핑 센터가 들어서 상권의 중심 역할을 하고 있다.

BYOB가 가능한 펍,
Gallaher & co

16A D'Olier Street, Dublin 2

트리니티 대학을 마주하고 있는 황금색의 수려한 건물은 유독 눈에 띈다. 블록으로 쌓아 올린 작은 성 같은 이 건물을 지나칠 때마다, 우리는 무언가 특별한 것이 있을 것 같다고 이야기하곤 했다. 이른 아침에는 붉은 태양만큼 화려하고, 저녁이면 자연스럽게 석양에 물든 건물은 누구보다 고고해 보였다.

이곳은 1891년에 아이리시 배우이자 건축가, 소설가인 제임스 프랭클린 풀러(James Franklin Fuller, 1835-1924)가 디자인한 건물이다. 불과 30년 전까지 갤러허 담배(Gallaher's Tabbaco) 회사의 본사로 사용되었다. 사암과 테라코타

로 만들어진 건물은 100년 전이나 지금이나 더블린에서 손에 꼽히는 아름다운 건축물이다.

지금은 1층만 펍 겸 레스토랑으로 사용되고, 위층에는 여행사와 영화 제작사 등 다른 회사들이 위치해 있다. 앤티크한 외관과 다르게, 내부는 5년 전의 보수를 통해 모던한 분위기가 느껴진다. 깔끔한 인테리어는 과거의 옛 흔적과는 거리가 멀지만, 벽에 걸린 옛 사진들로 '그날'을 기념한다.

1916년, 부활절 봉기의 그 날. 건물은 아일랜드 역사에 영원히 남을 기념비적인 사건을 목격했다. 봉기 주모자들은 건물 앞의 도로에 바리케이드를 설치했다. 많은 영국 군인들이 샌디마운트(Sandymount) 주변에 살았고, 이 거리는 그들이 시내로 들어오는 진입로였다. 조국을 위해 꼭 사수해야만 하는 마지막 방어선이었던 셈이다.

벽에는 부활절 봉기를 이끈 한 명의 민족 투사인 패트릭 피어스(Patrick Pearse, 1879-1916)와 그의 동생의 사진이 걸려 있다. 그의 동생은 사실 봉기와 무관했지만 혈육이라는 이유로 사살당했다. 건물 앞 '피어스 거리(Pearse Street)'라는 이름은 그들을 기념하기 위한 데서 기인했다. 펍이 들어서고 약 20년 동안, 건물은 점점 더 세련되어지고 모던하게 변했다. 그러나 희미하게나마 펍이 잊지 않으려는 것은 '그날' 보았던 그들의 피와 땀 그리고 눈물이다.

지금의 펍은 더 많은 사람들과 함께 추억을 만들고 있다. 많은 이들이 커피를 마

시러, 술을 마시러 혹은 한 끼 식사를 해결하기 위해 발걸음을 한다. 유독 눈에 띄는 건 'BYOB(Bring Your Own Booze, 각자가 술을 가져오는 것)'를 환영한다는 문구다. 10-20유로의 추가 요금이 붙는 다른 레스토랑에 비해 이곳에서는 5유로만 내면 가져온 음료를 편히 즐길 수 있다.

위스키의 왕좌, 제임슨 위스키,

Old Jameson Distillery

Bow St, Smithfield Village, Dublin 7

1900년대 초, 미국의 '금주 시대' 이전까지 미국에서 가장 사랑받는 위스키는 아일랜드 위스키였다. 미국의 금주법과 아일랜드 내전을 겪으면서 많은 증류소들이 침체를 겪었지만 곧 이전의 명성을 되찾았다. 그중에서도 '제임슨 위스키(Jameson Whiskey)'는 수많은 위기를 이겨내고, 오늘날 전 세계에서 명품이 되었다.

얼마 전, 기네스 스토어하우스를 방문했지만 맥주로는 채워지지 않은 2%의 갈증이 남아 있었다. 술을 좋아하기로 세계에서 둘째가라면 서러운 아이리시. 그들의 호탕하고 쾌활한 뿌리를 찾기 위해서는 제임슨 위스키를 깊게 탐닉해 볼 필요가 있었다. 인터넷으로 제임슨 양조장(Old

Jameson Distillery) 투어를 예매하니, 할인된 가격으로 입장할 수 있었다.

1780년, 존 제임슨(John Jameson)은 더블린 보우 거리(Bow Street)에 제임슨 양조장을 세웠다. 1971년, 코크의 미들톤 양조장(New Midleton Distillery)으로 옮기기 전까지 이곳에서 200년 동안 세계 최고의 위스키를 생산해 왔다. 전시실은 위스키가 만들어지는 과정을 8단계로 나누어 소개했다. 곡물을 저장하는 것부터 발효, 증류 그리고 한 통의 위스키를 완성하기까지 실제로 사용했던 기구들이 전시되어 있다.

천사가 마셔 버린 2퍼센트의 술

몇 번 제임슨 위스키 투어를 해보았지만, 유독 테스트 룸 안에서 그들의 자신감이 짙게 느껴진다. 각자의 자리 앞에는 상표를 가린 세 잔의 위스키가 놓여 있는데, 비교 시음을 통해 제임슨 위스키만의 매력을 느낄 수 있다. 각각의 브랜드를 짐작해 보는 것은 어렵지 않다. 아일랜드의 제임슨 위스키, 미국의 잭 다니엘, 스코틀랜드의 스카치 위스키가 '위스키의 왕좌'를 다툰다.

어느 잔이 무슨 브랜드인지, 몇 번의 투어로 완벽하게 알게 되었지만, 처음이라고 해도 미세하게 다른 맛을 느낄 수 있다. 미국의 위스키는 한 번, 스코틀랜드는

두 번, 아일랜드는 세 번의 연속 증류 과정을 거치기 때문에 제임슨 위스키가 유독 부드럽고 목 넘김이 가볍다. 증류가 끝난 위스키는 오크 통에 담아 보관되는데 1년에 2퍼센트씩 그 양이 줄어든다고 한다. 아이리시들은 사라진 2퍼센트의 위스키를 '천사가 마셔버린 술'이라 믿는다고.

재미있는 이벤트에서도 드러난 그들의 자신감은 쉽게 비교할 수 없는 맛과 깊이에서 온다. 개인의 취향이야 다 다르겠지만, 제임슨 위스키의 위엄에 모두들 엄지 손가락을 치켜 세운다. 스코틀랜드에서는 'Whisky'라고 부르지만, 아일랜드에서는 'Whiskey'라고 부른다. 차별을 두어 위스키 종주국의 자존심을 살리기 위해서라고 한다.

'Sine Metu', 두려움이 없다

비교 시음을 마쳤다면, 진짜 제임슨 위스키의 매력에 빠질 시간이다. 투어의 종착점에 마련된 바(Bar)에서 위스키 한 잔을 맛볼 수 있다. 위스키는 이미 티켓 가격에 포함되어 있어서 따로 지불하지 않는다. 위스키 본연의 맛을 좋아하는 리차드는 순수한 제임슨 위스키 한 잔을, 나는 콜라와 위스키를 섞은 '위스키 콕(Whiskey Coke)'을 주문했다. 톡 쏘는 청량감과 상큼한 위스키 향이 오후의 나른함을 해소시켜 주었다.

바에서 위스키를 마시다가도, 기념품 스토어에서도 어디에나 적혀 있는 문구, 'Sine Metu'를 발견한다. '두려움이 없다(Without fear)'라는 의미를 가진 제임슨 가의 좌우명이다. 세계 최고의 위스키가 되기까지 2백 년 이상 이들이 지나온 행적은 좌우명 그대로였다. 두려움 없이 묵묵히 제 길을 밟았고, 최고의 재료만 사용하겠다는 신념도 지켰다. 이것이 오늘날까지 제임슨 위스키가 전 세계에서 사랑받는 이유이고, 세계 최고의 명품 위스키가 탄생한 비결이다.

무덤 파는 사람,
John Kavanagh's
(The Gravediggers)

1-2, Prospect Square, Dublin 9

제임스 조이스는 그의 책 〈율리시스〉에 '펍을 피해서 더블린을 걷는다는 것은 마치 퍼즐게임을 벌이는 것과 같다'고 했다. 그의 말이 옳다는 것을 도리어 시내를 벗어나서 깨달았다. 더블린 북쪽에 존 카바나(John Kavanagh's)가 버티고 있는 한, 마지막 퍼즐조각을 쉽사리 맞추지 못할 것이다.

1833년에 문을 연 이 펍은 공식 이름 외에 '무덤 파는 사람(The Gravediggers)'이라는 별명으로 더 유명한 곳이다. 글래스네빈 공동묘지(Glasnevin Cemetery)의 옛 입구와 맞닿아 있는 것을 보면, 그 이유가 이해가 간다. 특히 1980년대에 많은 그레이브 디거들이 들르기 시작하

면서 유명해진 별명이라고 한다. 3년 전에는 간판에 별명도 함께 표기했다.

펍은 현재 8대가 운영해 오고 있다. 우리가 갔던 날에는 7대인 Ciarán이 손님들을 맞고 있었다. 각 세대들이 조금씩 펍을 발전시켜 왔는데 6대인 그의 아버지는 건물을 확장했고 7대인 그는 펍에 음식을 공급하기 시작했다. 그러나 여러 세대를 거치는 건 펍뿐만이 아니다. Ciarán은 4대째 단골 손님도 있다며 호탕하게 웃었다. 8대가 운영해 오는 펍에는 손님도 만만찮다.

영혼의 쉼터

펍은 내부의 작은 문을 사이에 두고 두 공간으로 나뉘어 있다. 고동색의 나무 문은 성인 남자 키를 넘는 높이이다. 과거에는 문을 기준으로, 앞쪽에 잡화점이 있었다. 아일랜드에서는 오랫동안 여성이 펍에 출입하지 못했는데, 식료품을 사는 여성이 내부를 볼 수 없도록 세워 둔 문이다.

나무 문부터 테이블과 바닥까지 짙은 고동색이다 보니 펍 내부는 대낮에도 어둡다. 거기에 창문도 없다. 2010년 이후로 펍이나 식당 내부에서 금연하도록 법이 개정되었는데, 그 이전에는 얼마나 많은 흡연가들이 이곳에 앉아 안개 같은 시간을 보냈을까, 하는 생각이 들었다. 아니나 다를까, Ciarán은, 원래 크림색이었던 천장이 흡연으로 인해 누래지면서 '니코틴'이라고 불리게 되었다고 했다.

출구 없이 피어 올랐던 스모그 속에서 으스스한 이야기들이 탄생하기도 했다. 어느 심령술사가 와서 심령과 이야기를 나눈 뒤 그림을 그렸는데, 그림 속 남자는 Ciarán의 할아버지였던 5대 주인으로 밝혀졌다. 40년 동안 사용하지 않던 벽난로 주변에서는 암울한 기운들이 감지되기도 했다고. 귀신 이야기가 맥주와 함께 흘러넘친다.

그러나 맥주를 맛보고는 고개가 끄덕여졌다. 글래스네빈 공동묘지의 영혼들은 한 잔의 파인트를 잊지 못하는 걸지도 몰랐다. 글래스네빈 공동묘지는 1832년에 다니엘 오코넬이 모든 종교인들을 위해 조성한 공동묘지로 150만 명의 사람들이 묻혀 있다. 펍은 공동묘지가 문을 열던 무렵부터 함께해 왔다. 둘은 다사다난한 세월을 함께 겪었고, 지금도 그 자리에서 자신들의 손님을 맞고 있다.

아일랜드에서 가장 높은 펍,
Johnnie Fox's

Glencullen, Co. Dublin

무언가 특별한 새로움을 갈망한다면, 조니 폭스(Johnnie Foxs)를 방문해 보는 것은 어떨까. 조니 폭스는 아일랜드에서 가장 높은 곳에 위치한 펍이다. 동시에 오래된 펍이기도 하니 편안함의 매력까지 놓치지 않는다.

더블린 산에 위치한 조니 폭스는 1798년에 문을 열었다. 가장 높은 곳에서 차가운 비바람을 먼저 맞으면서도 200년 동안 꾸준히 사랑을 받아온 건 대체할 수 없는 조니 폭스만의 매력이 있기 때문이다. 아일랜드의 민족 지도자 다니엘 오코넬도 영국 군의 눈을 피해 이곳에서 모임을 갖곤 했다고 한다.

조니 폭스는 위클로우와 더블린의 경계에

인접해 있고 산등성이에 있어서 위클로우에 있다고 생각하기 쉽지만, 주소도 더블린이고 더블린 시내 중심지에서 약 30분이면 도착한다. 그러고 보니 지난 해 위클로우 웨이(Wicklow way)를 걸을 때, 산등성이에서 나타난 더블린 웨이(Dublin way)와의 갈림길에서 더블린 웨이와 조니 폭스의 이정표를 함께 보았던 기억이 났다.

주차장에는 이미 많은 차들이 주차되어 있었다. 대중교통으로는 오기가 힘들어서 자가용을 이용하거나 펍에서 운영하는 셔틀버스를 예약해야 한다. 그럼에도 이곳이 늘 붐비는 이유를 입구 주변에서도 금세 찾을 수 있다. 지금은 단종된 옛 자동차, 큰 수레바퀴 등이 나이 드신 분들에게는 향수를, 젊은 세대에게는 신선함을 불러 일으키며 눈길을 끈다.

무슨 메뉴를 고를까 고민하다가 우리는 'Galway Hooker Battered Fish'와 'Irish Mountain Lamb Stew'를 주문했다. 아일랜드 어디에서나 맛볼 수 있는 메뉴인 피시 앤 칩스와 아이리시 스튜의 조합이지만 특별한 장소가 특별한 맛을 만들지 않을까 기대하였다. 색다른 특별함을 더욱 기대하게 한 것은 우연히 테이블에서 발견한 문구였다.

'Eat Fish, Live Longer. Eat Oysters, Love Longer. Eat Mussels, Last Longer.' 재미있는 말장난이다. 생선은 건강에 좋고, 오이스터는 흔히 정력 촉진 효과가 있다고 전해지며, 홍합(Mussels)은 근육(Muscle)과 비슷하게 발음된다. 그리하여 해석은 '생선을 먹어라, 오래 살도록. 오이스터를 먹어라, 사랑이 지속되도록. 홍합을 먹어라. 멋진 몸을 유지하도록.' 이 된다.

불빛은 보석처럼 빛나고

저녁을 먹고 미로 같은 내부를 이리저리 둘러보다가 사람들이 가득 메운 큰 홀을 발견했다. 약 120명 남짓 될까. 그들은 조니 폭스 펍의 유명한 공연 '더 훌리 쇼 (The Hooley show)'를 관람하는 중이었다. 아이리시 댄스, 음악, 코미디 등 다양한 공연을 선보이는 더 훌리 쇼는 인기가 많아서 미리 단체 예약을 해야 한다. 바람을 쐬다가 기약 없이 오게 되는 바람에, 자리를 얻지는 못했지만 약 30분간 멀찌감치 서서 구경하는 것으로 아쉬움을 달랬다.

다시 더블린 시내 중심가로 돌아가기 위해 차에 올랐다. 저 멀리, 암흑 속에서 불꽃들이 일렁이는 것이 보였다. 도시를 수놓은 불빛들은 펍이 얼마나 높은 곳에 있는지 새삼 실감하게 해 주었다. 위클로우 산을 돌아다니다가 펍으로 바로 넘어간 터라, 크게 실감하지 못하고 있었던 것이다. 너무 아름다웠다. 고요한 적막 속, 하늘의 별과 땅의 보석들이 천지를 환하게 밝혔다.

수사슴의 머리,
The Stag's Head

1 Dame Court, Dublin 2

1870년에 문을 연 스테이그 헤드(The Stag's Head)는 더블린의 유명한 펍들 중 하나다. 데임 거리(Dame Street)에서 데임코트 골목으로 들어오면, 숨겨진 스테이그 헤드를 만날 수 있다. 터널을 지나면 신비한 세계가 펼쳐지는 동화 속 이야기처럼, 영원히 변하지 않는 건물 하나가 늘 그 자리에서 사람들을 기다린다.

펍 이름에서도 알 수 있듯, 이곳의 상징은 거대한 뿔이 달린 수사슴이다. 바(Bar)의 정면에서 모든 이의 시선을 압도하는 박제도 모자라, 스테인드글라스와 입구 주변의 모자이크에 수사슴이 그려져 있다. 특히 스테인드글라스는 아이리시 예술가인 해리 클락(Harry Clarke, 1889-1931)의 솜씨고, 박제된 수사슴은 100년도 훌쩍 넘은 알래스카 산이다.

100년이 넘도록 '수사슴'이 유명할 수 있었던 건, 그와 어울리는 빅토리안 양식이 그대로 보존되어 있기 때문이다. 1895년, 화재로 인한 재보수를 거친 뒤로 펍은 이름만 빼놓고 여전히 그 모습 그대로다. 원래의 이름은 첫 주인이던 조지 타이슨에서 그의 성을 따온 '타이슨(Tyson)'이었다. 여전히 펍의 측면 유리창과 외벽

에 달린 시계에서 그의 이름, 타이슨을 발견할 수 있다.

아일랜드에서 전기가 들어온 첫 번째 펍

뭐니뭐니해도 수사슴이 펍의 제일가는 상징이지만, 요즘은 그에게 친구가 생겼다. 아프리카에서 온 작은 양양이다. 고객이 선물로 준 양양의 박제는 수사슴과 나란히 카운터에 걸려 있다. 몸집도 고향도 다른 그들이지만, 둘 모두 손님들에게 동일한 사랑을 받고 있다. 건너편의 펍, '데임 타번'의 원래 이름이 '스테이그 헤드의 테일(꼬리)'이었던 것을 두고, 누군가는 '새로운 꼬리'라며 짓궂게 농담을 하지만 말이다.

그들처럼 이곳에서는 나이, 인종, 문화에 상관없이 금세 친구가 될 수 있다. 비율로 보자면 여행자와 더블리너가 50:50이다. 펍의 유명세에 비해 더블리너의 비율이 꽤나 높다. 발을 디딜 틈조차 없는 '템플 바'보다는 그나마 덜한 곳에서 활기찬 밤을 보내고 싶어하는 더블리너들이 찾는다고.

스테이그 헤드는 재미있는 기록을 가지고 있다. 아일랜드에서 전기가 들어온 첫 번째 펍이라는 것과 음식을 공급한 첫 번째 펍이라는 사실이다. 그래서인지, '찌릿'하고 들어온 전기처럼 짜릿한 밤을 보낼 수 있고, 가스트로 펍으로도 명성이 높다. 젊은 제임스 조이스도 지금과 다름없었던 스테이그 헤드를 좋아해 종종 들렀다고 한다. 매일 일요일 오후, 무대에서는 원맨쇼 공연 'Strolling Through Ulysses(율리시스로의 산책)'가 펼쳐진다.

여행자의 영원한 무덤,
Mulligan's

8 Poolbeg St, Dublin 2

몸을 숨기듯 골목에 자리잡았지만, 멀리건 (Mulligan)의 외관은 단번에 눈길을 끈다. 노란색과 금색의 화사함이 펍 정면을 뒤덮고 있기 때문이다. 멀리건은 더블리너에게 많은 사랑을 받는 펍들 중 하나다. '기네스 파인트의 집'이라고 불릴 정도로 기네스가 맛있다. 제임스 조이스도 그 맛을 사랑해서 이곳에 자주 들렀다고 한다. 누구는 그가 이곳에서 〈율리시스〉를 구상했다고 하는데, 이건 믿거나 말거나.

멀리건 펍이 유명한 이유는 많지만, 최근 들어 주목을 받은 건 '시계'다. 벽난로가 있는 작은 방 입구 주변에는 오래된 시계가 있다. 그리고 투박한 나무 상자 같은 시계 몸통에는 어느 여행자가 영원히 잠들어 있다. 가끔 그의 가족들이 방문해 그를 추억하며 건배를 외친다고. 과연 무슨 사연이 있는 걸까.

미국인 여행자인 빌리(Billy)는 우연히 멀리건을 방문했다. 기네스 한 잔에 감명을 받은 그는 미국에 돌아가서도 멀리건을 그리워했다. 안타깝게도 2012년, 그는 운명을 달리했고 그의 동생이 그의 재를 이곳으로 가져와 시계 안에 보관해 줄 것을 부탁했다. 형이 하늘에서도 마음껏 기네스를 마시도록 말이다.

멀리건의 작은 뒷방에서는 종종 귀신이 목격된다고 한다. 두려움이 일기 전에, 불현듯 궁금해진다. 혹시 멀리건의 기네스 한 잔을 잊지 못하는 시계 속 사나이가 아닐까 하고 말이다. 이 순간만큼은 멀리건과 관련된 어느 유명 인사보다도, 평범한 그의 이야기에 더 마음이 간다.

케네디 대통령과 멀리건

그러나 시계에 꽂혔던 우리의 시선은 오래 가지 못했다. 그 옆에 버젓이 붙어있는 케네디 대통령의 사진 때문이다. 그는 기자였던 시절에, 취재 차 멀리건을 방문했다. 마침 편집국이 펍 주변에 있었고 그는 제임스 조이스가 종종 들렀던 작은 방에 머물렀다. 비록 대통령으로서 방문했던 것은 아니지만 그가 들른 펍으로 알려진 곳은 오직 이곳뿐이다.

바다 건너서 멀리건을 찾아오곤 했던 사람도 있는가 하면, 옆집에 살아도 멀리건을 멀리한 이들도 있다. 멀리건의 인기가 너무 높은 것을 좋아하지 않았다고. 펍은 항상 사람들로 넘쳤고, 바텐더들은 너무 바빴다. 도란도란 이야기하기를 즐기는 아이리시 손님들은 대화를 나눌 시간조차 없는 바텐더들을 야속하게 여겼다고 한다.

이 밖에도 멀리건은 보석 같은 이야기들을 많이 품고 있다. 더 자세한 이야기를 듣고 싶다면, 펍에서 책을 구입할 수 있다. 단골이었던 RTÉ(Ireland's National Television and Radio Broadcaster)의 기자가 멀리건의 이야기를 책으로까지 펴냈다고 한다. 홈페이지와 바텐더로부터도 듣지 못했던 멀리건의 비하인드 스토리를 들을 수 있다.

역사의 한가운데서,
The Oval Bar

78 Abbey Street Middle, Dublin 1

오코넬 거리와 애비 거리가 맞닿는 지점에 오벌 바(The Oval Bar)가 있다. 이 거리의 많은 건물들이 그래왔듯, 오벌 바는 아일랜드의 근현대사를 뜬눈으로 지켜본 장본인이다. 1822년에 문을 연 열었을 때부터 지금까지, 애비 거리를 지켜온 단 하나의 펍이다. 그 사이 많은 주인들이 오벌 바를 거쳐 갔고 지금과 같은 내관과 외관은 1930년대 초반에 완성되었다.

1840년대, 사업가 피터 코일이 펍과 위층의 여관으로 이루어진 오벌 바를 인수

했다. 그는 마차 사업가였는데, 오벌
바 앞에는 티켓 오피스와 다른 도시
로 출발하는 '마차 정류장'이 있었
기 때문이다. 많은 마부들과 여행객
들이 여독을 풀기 위해 이곳에 머무
르며 파인트를 비웠다.

　그렇게　탄탄대로를　걷던　펍은
1900년대에 들어와 이 나라 역사에
길이 남을 사건을 목격하게 된다.
1916년 부활절 주간에 아일랜드 공화주의자들이 중앙우체국(GPO)를 점령하고
영국에 대항해 맞서 싸운 것이다. 영국 해군은 그들을 제압하고자 리피 강에서 무
자비한 포격을 했고, GPO와 인접했던 오벌 바도 큰 손상을 입게 되었다.

　당시에 패트릭 피어스가 GPO에서 부활절 선언문을 낭독했는데, 1916년 4월
24일, 선언서에 서명을 했던 7명의 민족 지도자들의 청동상이 오벌 바에 전시되
어 있다. 천천히 그들의 얼굴을 살펴보다가 우리는 흥미로운 한 가지를 발견했다.
어디에서도 볼 수 없었던 패트릭 피어스의 정면 모습이었다. 얼굴의 상처 때문이
었는지, 늘 옆면으로만 사진을 찍었던 그이기에 정면 청동상은 더욱 특별했다.

　그 일이 있고 나서 한동안 잠잠한가 싶었는데, 1922년에 아이리시 내전이 일어
났다. 아이리시는 영국의 지배하에 아일랜드의 독립을 찬성하는 쪽과 완전한 독립
을 이루려는 반대쪽으로 나뉘어 다시 한 번 역사의 소용돌이 속으로 휩쓸렸다. 반
대파는 오벌 바를 포함한 오코넬 거리의 많은 건물들을 장악했고, 찬성파는 건물
을 향해 총탄을 장전했다. 이후 펍은 보수를 거쳐 지금과 같은 모습을 갖게 되었다.

　굵직한 사건들을 지켜봐 온 펍은 역사의 증인이고 숨 쉬는 박물관이다. 영국의

지배 아래 더블린의 경기가 좋았던 시절부터, 영국에 대항한 1916 부활절 봉기와 형제 간의 다툼이었던 아일랜드 내전에도 늘 같은 자리를 지켜왔다. 유리창에 가지런히 놓인 민족 지도자들의 청동상과 아일랜드의 국장인 금색 하프는 국가와 민족에 대한 진지한 고민을 남긴다.

언론계 인사들의 토론장

1900년대 초, 펍의 우측으로 몇 걸음 떨어진 곳에 아이리시 인디펜던트(Irish Independent) 신문사의 사무실이 있었다. 지금도 건물을 올려다보면, 인디펜던트 하우스가 새겨진 멋스러운 시계를 찾을 수 있다. 몇 개의 언론사가 이 주변에 더 있었기 때문에 많은 언론계 인사들이 펍을 즐겨 찾았다고 한다.

그들은 시국을 논하며 맥주를 마시다가 마지막 트램을 타고 허겁지겁 집으로 돌아가기 일쑤였다. 오벌 바는 불꽃 같은 시대에 기자들의 허심탄회한 토론장이 되었다. 의외인 사실은 아이리시 인디펜던트는 부활절 봉기에 대해 비판적 논조를 쏟아냈다는 거다. 심지어 부활절 봉기의 지도자들을 처형해야 한다면서 말이다. 마침내 영국은 그들은 처형했지만 이는 도리어 독립에 대한 이이리시의 열망을 일으키는 도화선이 되었다.

은행의 거리,
The Bank

20 College Green, Dublin 2

트리니티 칼리지 주변의 데임 거리(Dame Street)는 '은행의 거리'라 불린다. BOI, AIB, Ulster Bank 그리고 Central Bank of Ireland 등 웅장하고 고풍스러운 은행 건물들이 즐비해 있다. 100년 전에도 지금과 변함없이, 이곳은 은행의 거리이자 금융의 중심지였다.

그 당시 데임 거리에는 Belfast Bank, Hibernian Bank, National Bank, Munster and Leinster Bank 등이 있었다. 이 거리가 더블린의 경제를 손에 쥐게 된 계기는 1800년대 초, 영국이 프랑스와 크고 작은 전쟁을 치르며 아일랜드의 화폐 문제까지 신경을 쓸 여력이 없었던 데에 있다. 거기에 뱅크 오브 아일랜드(BOI)가

화폐 제조에 한계를 겪자, 다른 은행들이 우후죽순으로 생겨나기 시작했다.

지금은 펍이 된 뱅크(The Bank)는 원래 벨파스트 은행과 AIB 은행이 있던 자리였다. 2003년에 문을 연 펍은 과거의 '은행'을 이름으로 차용했다. 유독 이 거리에서도 눈에 띄는 암적색 건물은 스코틀랜드의 사암으로 지어졌다. 100년 전의 신문에도, 데임 거리에서 빅토리안 스타일을 잘 보여 주는 붉은 건물로 소개되었다.

펍에는 은행의 흔적이 곳곳에 남아 있다. 120년 전, 최고의 기술로 만들어진 금고가 지하에 전시되어 있어 눈길을 끈다. 바(Bar)의 뒤편에는 옛 영화를 고스란

히 증거하는 주식 시세 전광판과 ATM 기계가 놓여 있다. 펍이 된 지금은, 다른 영광을 취하는 것으로 화려했던 과거에 대한 아쉬움을 달랜다. 펍은 2007년부터 2011년까지 '올해의 환대 펍(Hospitality Pub Of The Year)'으로 선정되며 많은 여행자들을 이끌고 있다.

물론 '올해의 펍'으로 선정된 데에는 화려한 외관뿐만 아니라, 훌륭한 음식이 한몫했다. 삼겹살을 기대하고 주문한 'Slow roasted pork belly'는 많은 양은 아니지만 포만감을 느끼기에는 부족함이 없다. 푹 삶은 붉은 양배추와 사과 소스를 찍은 고기의 조합은 달콤한 바비큐의 맛을 더해 주고, 블랙 푸딩과 감자 그라탕은 사이드 디시로서 담백한 맛을 낸다.

'짧은 치마, 강한 부츠 그리고 총을 들어라.'

펍이 보존하고 있는 것은 은행의 발자취뿐만이 아니다. 뱅크 펍은 오벌 바(Oval Bar)와 같이, 1916 부활절 봉기의 영웅들을 자랑스러워한다. 그들과 더불어 카운

티스 마케에비치(Countess Markievicz, 1868-1927)의 청동상이 카운터에 놓여 있다. 부활절 봉기에서 함께 싸운 그녀는 여성이라는 이유로 처형되지 않은 사람들 중 한 명이었다.

이후 그녀는 영국의 하원의원직에 선출되었지만 그 자리를 사양하고 부활절 봉기 때의 퇴역 군인들과 함께 아일랜드 의회(Dail Eireann)를 구성했다. 그녀는 여성 최초로 독립 국가 아일랜드의 노동부 각료 직을 역임하기도 했다. 그녀가 남긴 말이 펍의 1층과 2층의 난간 사이에 적혀 있다.

"짧은 치마, 강한 부츠를 입고 너의 보석들은 은행에 보관해라. 그리고 총을 들어라"

그녀는 온몸으로 그녀의 신념을 실천했다.

'세인트 패트릭의 날'을 위한 최고의 장소,

The Bull and Castle

5-7 Lord Edward St, Dublin 8

'세인트 패트릭의 날(Saint Patrick's Day)'은 아일랜드에 처음 그리스도교를 전파한 인물이자 아일랜드 수호 성인인 세인트 패트릭을 기념하는 축제다. 매년 3월 17일에 아일랜드, 영국, 캐나다, 미국 그리고 이제는 한국에서까지, 국가, 인종, 문화, 종교에 상관없이 전 세계인이 즐기는 축제가 되었다. 더블린에서는 매년 이날 파넬 광장(Parnell Square)에서부터 세인트 패트릭 성당(St Patrick's Cathedral)까지 대규모 거리 행진이 진행된다.

행진은 정오부터 시작하지만 일찍 나가지 않으면 자리를 맡기가 어렵다. 시내를 가득 메운 인파로 제대로 자리잡기가 만만치 않다. 불 앤드 캐슬(The Bull and Castle) 펍은 행진을 보기 위한 최적의 장소다. 2층의 창가에 앉으면 야외에 놓인 대형 스크린으로 진행 상황을 볼 수 있다. 그러다가 그들이 이 거리를 지나는 순간, 누구보다 가까이에서 행진을 지켜볼 수 있다.

3월부터 상점들에는 의류며 소품이며 온통 초록색으로 넘쳐나더니, 축제날 길거리에는 온통 초록색으로 치장한 사람들뿐이다. 어른, 아이 할 것 없이 우스꽝스

러운 초록 분장을 하고는 세인트 패트릭의 방문을 열렬히 환영한다. 한밤중도 아닌데 펍의 분위기는 어느 때보다 활기차다. 피부색도, 문화도. 언어도 각기 다른 이들이 한마음으로 건배를 외친다. 이날, 아일랜드의 맥주는 초록색이라는 사실!

'블룸'도 반한 스테이크 전문점

크라이스트 처치 대성당(Christ Church Cathedral)과 마주 보고 있는 불 앤드 캐슬 펍은 버클리 가문이 운영하고 있다. 버클리 가문의 Francis Xavier는 1930년대 무어 거리(Moore Street)에서 정육점을 시작했다. 신선한 고기를 공급해 온 그의 정육점은 더블린에서 빠르게 명성을 얻었다. 마침내 제임스 조이스의 〈율리시스〉의 '블룸'(〈율리시스〉의 주인공 중 한 명)도 이곳에서 양고기의 신장을 사곤 했다.

버클리 가문은 더블린에 몇 개의 레스토랑과 펍을 운영하고 있다. 그들의 요리를 한 번 맛보면, 불 앤드 캐슬이 가스트로 펍으로 선정된 것이 그리 놀랄 만한 일도 아니라 느껴진다. 펍에서는 우둔살 스테이크, 티본 스케이크, 등심, 소갈비살 등 다양한 부위의 스테이크 메뉴들과 비교적 저렴한 런치 스페셜 메뉴를 맛볼 수 있다. 거기에 한 잔의 와인으로 깔끔한 뒷맛까지 챙기고 나면, 꼭 세인트 패트릭의 날이 아니어도 이곳에 다시 오고 싶어질 것이다.

밤과 음악 사이,
The Cobblestone

77 King St N, Smithfield, Dublin 7

한밤의 스미스필드 광장(Smithfield Square)은 알록달록 화려했다. 130년 동안 한결같이 제자리를 지키고 있는 제임스 양조장의 굴뚝을 마주 보는 광장의 램프는 과거와 현재의 단편 같았다. 그 사이를 걸으며, 밤 공기를 더욱 낭만적이게 만든 건 그 둘이라고 생각했다. 함께 있으므로 더욱 빛이 나는.

어느새 코블스톤(The Cobblestone)에 도착했다. 멀리건(Mulligan) 가문이 5대째 운영해 오고 있는 이 펍의 슬로건은 '음악적인 골칫거리와 함께 술 마시는 펍(A drinking pub with a music problem)' 이다. 다소 익살맞은 슬로건에 담긴 진심은 음악에 대한 그들의 순수한 열정과 사랑이다.

매일 밤, 다재다능한 멀리건 가문의 일원들이 주축이 되어 댄스, 악기 교습, 공연 등을 펼친다. 주민들에게 받은 사랑을 음악을 통해 나누는 셈이다. 오늘도 역시 미세하게 열린 문틈 사이로 어렴풋한 멜로디가 흘러나오고 있었다. 어떤 음악을 들려줄지 바로 앞 횡단보도를 건너기 전부터 기대가 되었다.

주말의 펍이 늘 그렇듯이 사람들로 가득해서 제대로 움직이기도 쉽지 않았다. 5

Cobblestone
TEMPORARY SIGN
LISTENING AREA
PLEASE RESPECT MUSICIANS
LISTENING AREA
Please respect the musicians
Thank you
Leitrim Equation
LISTENING AREA
PLEASE RESPECT THE MUSICIANS
THANK YOU

명의 연주자가 이렇다 할 무대도 없이 맥주 한 잔씩을 앞에 두고 피들을 켰다. 자리를 잡으려다 포기하고 선율에 눈을 감았다. 소란 가운데서도 피들의 음색이 선명하게 들리는 것은 기대하지도 못한 일이었다. 우리는 기네스 한 잔을 손에 들고 작지만 큰 콘서트를 관람했다.

모두가 주인공이 되는 순간

한동안 피들의 음색에 홀린 듯 서 있다가 자리를 이동했다. 안쪽으로 깊이 들어가니 또 다른 방이 나왔다. 삼삼오오 테이블에 모여 앉은 사람들은 무언가를 기대하고 있는 눈치였다. 이 시간에 펍에서 쉽게 볼 수 없는 티(Tea)와 간단한 샌드위치가 준비되어 있었다. 곧 사회자가 나타났다.

운 좋게도 우리는 매달 첫째 주 일요일마다 열리는 '노래 자랑 시간'에 참여하게 되었다. 누구나 즉석에서 자신의 목소리를 들려 줄 수 있는 시간이다. 우리에게도 직원이 와서 의사를 물었으나 정중히 사양했다. 용기도 부족했지만 그냥 앉아서 듣기만 해도 좋을 것 같았기 때문이다.

하얀 수염이 수북한 노신사가 자리에서 가볍게 눈인사를 하고 노래를 시작했다. 아일랜드의 민요인 '어보어 경과 마리 플린(Lord Abore and Mary Flynn)'을 부르자 어디선가 발로 박자를 맞추고 노래를 따라 불렀다. 사랑에 빠진 두 청춘이 어머니의 반대를 이기지 못하고 결국 비극적인 끝을 맞는다는 가사에 눈물을 글썽이는 노부인도 있었다.

차례가 바뀌며 노래가 이어지는 동안, 어느 누구도 움직이지 않았다. 눈을 감고 그들의 목소리에 귀를 기울였다. 이름도, 나이도 그리고 실력도 중요하지 않았다. 모두들 하나가 되어 노래를 따라 부르고 박수를 보냈다. 이런 분위기에 익숙하지 않은 나만 부지런히 이쪽저쪽을 살핀 것 같다.

　이제까지 펍에서 코미디나 전통 음악 공연은 많이 보았지만 모두가 '주인공'
이 되는 공연은 드물었다. 코블스톤은 펍이 맥주만 마시는 곳이 아니라는 것을 다
시 한 번 가르쳐 주었다. 펍은 애당초 즐거움을 함께 나누는 곳이었다. 빛나는 조
명도, 훌륭한 가수도 없지만 모두의 참여로 완성되어 가는 무대는 더할 나위 없
이 완벽했다.

오도노휴 가문의 인터내셔널 바,
The International Bar

23 Wicklow St, Dublin 2

약 200년이 넘은 인터내셔널 바는 장식 하나, 가구 하나마저도 빅토리안 시대를 떠올리게 한다. 바(Bar)의 뒤편에는 정교하게 조각된 아일랜드 강의 여신들이 정면을 응시하고 있다. 지금과 같은 이름은 1886년에 오도노휴(O'Donohoe) 가문이 펍을 인수하면서 갖게 되었다. 펍의 입구 바닥에 그려져 있는 모자이크는 가문의 문장을 나타내며 파란색으로 적힌 'OD'는 이름의 약자다.

같은 가문이 지금까지 펍을 운영해 오고 있는데, 이처럼 한 가문이 오랫동안 펍을 운영해 오는 것이 더블린에서는 대단히 드문 일이다. 제임스 조이스도 그의 작품 〈율리시스〉에 '러기 오도노휴(Ruggy O'Donohoes)'라고 이곳을 언급했다. 당시에는 펍의 이름보다 주인의 이름으로 많이 불렸기 때문에 러기 오도노휴는 곧 인터내셔널 바(The International Bar)를 의미했다.

20세기 초, 인터내셔널 바는 영국의 통치에 맞서 독립 운동에의 의지를 다지는 투쟁의 장이었다. 많은 민족 투사들의 비밀 회담과 공청회 장소가 되었고, 주인의 배려 덕에 마이클 콜린스(Michael Collins, 1890-1922)의 은신처가 되기도 했다. 현재 투어 상품인 '1916 부활절 봉기의 흔적을 따라가는 워킹 투어(1916 Rebellion Walking Tour)'가 인터내셔널 바 앞에서 시작한다.

죽지 않은 언어, 아이리시

"국민의 약 15%만 쓰는 아이리시(게일어)는 '죽은 언어'라고 묘사됩니다. 그런데 아이리시(사람)들이 이야기하고, 떠드는 것을 좋아하기 때문에 '게일어가 죽은 언어'라는 것도 그저 이야기일 뿐입니다."

그러고는 말을 잇기로, SNS에서 주고받는 메시지 중, 아이리시가 포함된 것이 자그마치 1억 개라고 했다. 전 세계에서, 모든 연령에 상관없이 사용되고 있는 아이리시는 '죽지 않은 언어'라며 그녀는 또박또박 말했다.

그녀는 전문 연설가나 학자가 아니었다. 그 시각, 나는 인터내셔널 바의 2층 극장에 있었다. 기네스 한 잔을 손에 쥐고서. 그녀가 숨을 고를 때마다, 관객들은 맥주를 물처럼 삼켰다. 쥐 죽은 듯 조용한 작은 공간에서 마침내 우레와 같은 박수갈채가 터져 나왔다. 그녀가 서 있는 무대는 1평 남짓했지만, 그녀의 목소리는 인터넷을 통해 전 세계의 1억 명에게 퍼질 것이다.

이렇듯 2층에서는 토론, 코미디, 음악 등 다양한 공연이 펼쳐진다. 특히 1988년부터는 유명 아이리시 코미디언들의 공연이 꾸준하게 사랑을 받아 오고 있다. 입장료는 5~10유로로, 홈페이지에서 미리 공연을 확인하고 예약할 수 있다.

'펍은 아이리시의 일상'이라는 말이 맞다. 놀이와 휴식뿐만 아니라 건설적인 토론도 이루어지는 자리다. 인터내셔널 바에서, 무대에 서고 싶어하는 누구나가 자신의 목소리를 내는 것을 보고, 펍은 아이리시의 삶의 철학과 진지한 성찰을 공유하는 장이라는 것을 다시 한 번 깨달았다.

바이킹의 기념비,
The Long Stone

11 Townsend St, Dublin 2

지명 '더블린(Dublin)'의 기원은 9세기 바이킹 시대로 거슬러 올라간다. 더블린의 가능성을 인지한 바이킹은 리피 강 남쪽에 교역소를 설치했다. 그때 게일어로 부른 이름이 'Dubh Linn', 즉 '검은 연못(Black pool)'이라는 뜻인데, 이것이 오늘날 더블린 지명의 기원이 되었다.

바이킹을 빼놓고는 더블린의 역사를 이야기할 수 없다. 추천 관광 상품으로 바이킹의 투구를 쓰고 수륙용 장갑차를 타는 '바이킹 스플래시(Viking Splash)'나 바이킹 시대를 보여주는 박물관 더블리니아(Dublinia)가 꼽힐 만큼, 바이킹은 많은 사람들이 궁금해 하는 아일랜드의 과거다. 그렇다면 롱스톤(The Long Stone)에서 할머니가 들려주는 옛날이야기를 감상하듯, 바이킹 시대에 젖어 보는 것은 어떨까.

1794년까지만 해도 트리니티 대학과 갤러허 펍, 지금의 롱 스톤 펍 사이에 '오리지널 비석'이 세워져 있었다. '스테인(Steyne)'이라고 불렸던 비석은 천 년 전, 더블린에 도착한 바이킹이 이를 기념하기 위해 얕은 바다에 세운 기념비였다. 1663년부터 한 남자가 그곳을 땅으로 개간하기 시작했고, 리피 강 주변에 지금과 같은 일대가 만들어졌다. 1754년에 문을 연 펍은 바로 앞 비석에서 영감을 얻어, '롱 스톤'이라고 이름을 지었다.

바이킹의 신, 오딘

한쪽 구석에 갑옷을 입은 중세 기사가 서 있었다. 한눈에 보기에도 세월이 짐작될 법한 낡고 녹슨 갑옷이었다. 어느 가문을 위해 싸웠을 갑옷은 지금까지도 이곳을 지키고 있다. 펍에 들어서는 모든 사람들의 안녕을 위해 주는 것 같아서 문득 든든한 마음이 들었다.

기사를 지나쳐 안쪽 깊숙한 공간으로 들어섰다. 나의 시선을 한 번에 사로잡은 것은 어느 펍에나 있는 벽난로. 그러나 어느 펍에나 있을 수 없는 더 롱 스톤만의 벽난로였다. 거대하게 조각된 바이킹의 신, 오딘(Odin)이 무엇이든 삼켜버릴 듯이 매섭게 우리를 노려보았다. 신들의 아버지인 오딘은 지혜롭고 예술적 기질이 뛰어난 신으로 알려져 있다.

바이킹은 침략자인 동시에 문화적 신구자였다. 그들은 지신들의 문화를 전수하며 토착민들과 자연스럽게 융화되었다. 천 년 전, 그들은 양날의 검을 지혜롭게 휘둘렀다. 맥주 한 모금을 들이키며 오딘과 눈이 마주쳤다. 그대로 멈췄다. 그의 후손들에게 물려준 그 화합과 조화의 지혜를 내게도 툭 던져 주는 것만 같았다.

'오, 마이 기네스!(*Oh, my Guinness!*)',
Guinness Store House

St James's Gate, Dublin 8

'기네스(Guinness)'는 세계에서 가장 많이 팔리는 스타우트 맥주이다. 매일 150개 국가에서 천만 잔씩 소비된다. 기네스의 본고장, 아일랜드의 더블린에는 기네스 스토어하우스(Guinness Storehouse)가 있다. 기네스가 시작된 곳으로, 그 제조 과정을 설명하고 보존하기 위해 설립되었다. '월드 트래블 어워드(The World Travel Award)'에서 '유럽 전역 최고의 여행지'로 꼽힐 정도로 인기가 많다.

표를 사서 1층으로 올라가면 기네스 설립자 아서 기네스(Arthur Guiness)가 1959년에 서명한 9000년 부지 임대 계약서가 있다. 발 아래 유리관에 전시된 계약서를 보는 것으로 투어가 시작된다. 이 얇은 종이 한 장이 날마다 300,000파인트 기네스의 생산을 가능하게 하는 토대다. 0.001mm의 종이 한 장, 그 값어치를 가늠할 수조차 없다.

기네스 스토어하우스는 박물관 같기도 하고 우주선 같기도 하다. 우리의 온 감각을 자극하는 이곳은 그야말로 오감이 만족하는 장소다. 아일랜드의 경제 성장에 기여한 아서 기네스의 공을 감안한다면, 기네스 스토어하우스는 단지 성공한 맥주 공장만이 아니다. 여행자에게도 아이리시에게도 그 이상의 의미를 갖는 곳이다.

우리는 2층의 '기네스 체험실(TASTE EXPERIENCE)'에 들어섰다. 방 곳곳에서는 보리, 맥, 홉 등 각종 재료의 연기가 섞여 커피 향, 초콜릿 향이 피어올랐다. 재료들의 순수한 단내가 코를 자극하며 기네스를 온전히 후각으로 맛보게 하였다. 나는 여태껏 기네스가 검은색인 줄 알았는데 정확히는 루비 레드, 진한 빨간색을 띄고 있다는 것을 알아챘다.

직원은 기네스의 제조 과정과 최적의 맛을 낼 수 있는 비결을 설명하며 기네스의 생명은 거품이라고 강조했다. 나누어 받은 기네스 잔을 들고, 홀짝 마시려는데 직원으로부터 한 차례 지적을 당했다. 거품이 분리되지 않도록 올바른 각도로 마셔야 한다는 것이다. 세심한 것 하나까지 신경 쓰는 이런 깐깐함과 자부심이 오늘날의 기네스를 만든 것이 아닐까.

세상에서 가장 맛있게 기네스를 따르는 방법

4층의 기네스 아카데미(Guinness Academy)에서는 특별한 강의가 진행된다. 직원이 직접 '세상에서 가장 맛있게 기네스를 따르는 방법'을 알려 주는 것. 특별

한 비법은 45도 각도로 잔을 기울인 후, 로고인 '골드 하프'를 겨냥해 2센티 정도 남기고 잔을 채우는 것이다. 질소가 충분히 섞이게 하기 위해 2분을 그대로 놔둔 뒤 마저 채우고 마시면 된다. 유리잔에 그려져 있는 하프는 현재 아일랜드 정부의 문양으로도 사용되는데, 그 훨씬 이전부터 기네스가 로고로 사용해 오고 있다.

모두가 한 번씩 '최고의 기네스'를 탭(Beer tab)에서 내리고 난 뒤, 탁자에는 똑같은 기네스 유리잔들이 모아졌다. 어느 것이 내 것인지는 거품만 봐도 척이다. 나만 아는 특별함이 더해졌다. 직접 맥주를 따라 마시는 재미에 내 것이라는 애정이 더해지면 진짜 특별한 기네스 한 잔이 완성된다. 마침내 이수 증명서까지 나오면, 자, 나는 세상에서 가장 맛있게 기네스를 따르는 전문가다.

360도 그래비티 바(Gravity Bar)

맥주잔을 들고 7층의 그래비티 바(Gravity Bar)로 향했다. 입장료에는 기네스 아카데미 혹은 그래비티 바에서 즐길 수 있는 한 잔의 기네스 가격이 포함되어 있다. 그래비티 바는 46미터의 높이에 전면이 유리로 둘러싸여 있다. 고층 건물이 없

는 더블린에서 시내를 내려다볼 수 있는 얼마 안 되는 장소다.

360도로 보이는 전경 위에서 마시는 기네스 한 잔은 온갖 시름까지 잊게 해 준다. 탁트인 풍경이야말로, 최고의 기네스를 완성하는 마지막 비법이었다. 고소한 커피 향에 촉촉한 거품이 부드럽게 넘어간다. 한국의 기네스보다 더블린의 기네스가 훨씬 더 부드럽다. 그래서일까. 아이리시들은 '리피 강물을 사용하지 않는 기네스는, 기네스가 아니다'라고 말한다. (그러나 사실은 위클로우 호수의 물을 사용한다는 것!)

수제 맥주의 천국,

The Beer Market

13 High St, Dublin 8

지나갈 때마다 펍의 전면 유리창 앞에서 멈추곤 했다. 몇 백 년의 세월을 입은 펍들에 비해 모던한 분위기의 비어 마켓(The Beer Market)은 퍽 귀엽기까지 했다. 한국에 많이 생겨난 수제 맥주 가게가 떠올라 편안한 마음이 들기도 했다. 특별한 날에 한 번 오리라, 하고 오고 가며 마음만 먹어 오다가, 정작 아무 일도 없던 보통날에 우리는 펍으로 향했다. 유리창 앞에 앉아 시원한 맥주를 벌컥벌컥 들이키려던 참으로.

평소 같으면 기네스를 주문했을 테지만, 유리창에서 본 '맥주 마켓'이라는 문구가 호기심을 자극했다. 우리는 2014년에 아일랜드 최고의 크래프트 맥주로 꼽혔다는 'Of Foam And Fury'를 주문했다. '거친 대양'이라는 뜻과 달리, 입안에서는 청포도 향의 달콤한 파도가 일었다. 이곳에서는 기네스를 팔지 않는다는 사실은 나중에야 알게 되었다.

'크래프트 맥주'는 개인이나 소규모 양조장이 제조한 맥주를 말하는데 우리나라에서는 '수제 맥주'라고 불린다. 골웨이 배이 양조 그룹(Galway Bay Brew-

ery Group)이 공급하는 'Of Foam And Fury'는 더블 인디아 페일 에일(Double India Pale Ale) 타입으로, 일반 맥주치고는 강한 8.5%의 알코올을 포함하고 있다.

아일랜드에서 크래프트 맥주의 시장은 0.5%에서 3%로, 최근 1년 사이에 6배가 성장하는 저력을 보여주고 있다. 소비량은 여전히 낮지만, 새로운 맥주 회사들이 전통적인 거대 그룹에 도전하며 다양한 시도를 해 본다는 것은 참으로 긍정적인 일이다. 그럼에도 불구하고 국민 맥주, 기네스가 그립다면 'Stormy Port'를 시도해 보자. 비슷한 듯, 다른 성격의 두 맥주를 비교해 보는 재미가 있다.

맥주로 채워지지 않는 1%는 영원히 칩스(Chips)의 몫이다. 아일랜드에서 '칩스'는 우리가 아는 길다란 감자튀김이고, 동그랗고 바삭한 감자 과자는 '크리스프(Crisps)'라고 불린다. 별 기대 없이 주문했던 비어 마켓의 칩스는 우리가 아일랜드에서 꼽은 최고의 감자튀김이 되었다. 바삭하면서도 통통한 감자의 속살과 상쾌한 맥주의 향이 만나 우리의 '보통날'을 맛있게 채워 주었다.

역사의 발자국,

The Grand Central Bar

10-11 O'Connell Street, Dublin 1

더블린의 중심은 누가 뭐래도 오코넬 거리(O'Connell Street)다. 오코넬 다리(O'Connell Bridge)와 이어진 오코넬 거리는 길이만 500m로 아일랜드에서 가장 긴 거리다. 차도보다 더 넓은 도보만 봐도 얼마나 많은 사람들이 지나다니는지 짐작이 간다. 쉴 새 없이 오고 가는 사람들처럼 역사 속 오코넬 거리는 아일랜드의 역사에서 늘 분주한 해를 보냈다.

오코넬 거리는 17세기 경 드로에다 거리(Drogheda Street)로 불려 오다가 조금 더 넓어지면서 1916년, 색빌 거리(Sackville Street)가 되었다. 아일랜드의 독립 역사에 한 획을 그은 부활절 봉기를 지켜 본 것도 바로 그때나. 시금의 이름으로 불리게 된 건 1924년 무렵부터다.

더블린의 중심이 오코넬 거리라면 그 거리의 중심은 중앙 우체국(General Post Office)이다. 지금도 여전히 우편 업무를 담당하는 중앙 우체국은 1916년 부활

절 봉기 때에 의용군 기지로 사용되었다. 그러다 보니 오코넬 거리와 애비 거리 (Abbey Street)의 많은 건물들이 영국의 집중 포격을 받았는데 그랜드 센트럴 바 (The Grand Central Bar) 건물 역시 그중 하나다.

당시, 혁명군의 라디오 기지국 역할을 하고 있었던 이곳은 영국 해군의 포격으로 인해 많은 손상을 입게 되었다. 그 이후 건물은 75년 동안 먼스터와 렌스터 은

행(Munster and Leinster bank)으로 사용되다가, 마침내 루이피츠 제럴드 그룹이 이 건물을 인수하게 되었다. 그랜드 센트럴 바가 문을 연 것은 비교적 최근인 2003년의 일이다.

칵테일의 품격

오코넬 거리와 애비 거리의 교차로에 있는 그랜드 센트럴 바 앞으로 루아스(Luas, 도로 위에 철길을 깔아 달리는 전동차)가 지나간다. 하늘 위에 빨랫줄이 연결된 듯 오밀조밀한 전선에 매달려 건물 앞으로 지나갈 때면 사진으로만 보아 오던 낭만적인 유럽 풍경이 눈앞에서 연출된다. 평생 간직하고픈 사진 한 장을 남기기에도 좋다.

아름다운 외부만큼이나 유명한 건, 샹들리에가 빛나는 내부다. 손으로 다듬어진 군데군데의 조각들이 특히 아름답다. 전통적인 펍들이 가지고 있는 고풍스러움과는 또 다른 세련미가 느껴진다. 2009년에는 '더 라이센싱 월드 바(The Licensing World Bar)'에서 '올해의 아일랜드 바(Bar)'로 선정되기도 했다.

나는 무알코올 칵테일인 '피나콜라다'를 주문했다. 가격은 약 5유로. 풍부한 코코넛 향에 싱큼한 파인애플 맛의 주스가 관능적인 유리산에 남겨 나온다. 칵테일의 종류는 다양하다. 커피의 쓴 맛이나 기네스의 청량감으로 부족한 날이라면 이곳에 들러 보자. 칵테일의 매력과 함께 품격 있는 오후를 내 자신에게 선물해 보는 것은 어떨지.

펍이 된 교회,
The Church Bar

Jervis St, Dublin 1

헨리 거리(Henry Street)를 지나 마리 거리(Mary Street)에 다다르면, 크림색 건물의 오래된 교회가 나온다. 정숙한 분위기는 온데간데없고 흥에 취한 사람들이 밀물과 썰물처럼 오간다. 가까이 다가가서 내부를 들여다보면 눈이 휘둥그레진다. 이곳은 펍이 된 교회, 처치 바(The Church Bar)다.

날마다 지나치는 사람이라도 유심히 보지 않는다면 영락없이 교회라고 생각할 것이다. 그도 그럴 것이 50년 전까지만 해도 18세기 초에 문을 연 세인트 마리 교

회(St. Mary's Church)였다. 1997년에 존 키팅(John Keating)이 건물을 사들이기 전까지 문을 닫은 교회는 50년 동안 깊은 단잠에 빠져 있었는데, 7년간의 보수를 거쳐 지금과 같은 모습을 갖추게 되었다.

문을 열고 들어가면 레나투스 해리스(Renatus Harris, 1652-1724)가 제작한 거대한 오르간이 분위기를 압도한다. 그는 크라이스트 처치(Christ Church)의 오르간을 제작하기도 한 저명한 오르간 장인이다. 지금은 오르간의 맑은 소리를 들을 수 없지만, 흥겨운 아이리시 음악이 아쉬움을 달래 준다. 정면의 거대한 스테인드글라스 창까지 둘러보면 이곳이 교회였다는 것이 실감이 난다.

나비처럼 날고 고양이처럼 재빠른, 아이리시 댄스

펍은 2006년, '더블린 시티 네이버후드 어워드(Dublin City Neighbourhood Awards)'에 선정되며 아름다운 건축물로 증명됐다. 그러나 이곳이 유명한 또 다른 이유는 더블린에서 아이리시 댄스를 무료로 볼 수 있는 유일한 펍이기 때문이다. 일요일부터 수요일, 저녁 7시에서 9시 사이에 '아이리시 뮤직&댄싱 쇼'가 펼쳐진다.

아이리시 댄스의 유래는 켈틱 문화가 뿌리를 내렸던 2천 년 전으로 거슬러 올라간다. 영국의 오랜 식민 통치 아래에서 전통 문화는 탄압을 받았지만, 그럼에도 불구하고 아이리시 댄스와 음악은 전 세계적으로 유명해지게 되었다. 아이리시 댄서의 무대 복장은 2백 년 전부터 퍼진 피전트 드레스(Peasant Dress) 스타일로, 소박하고 간편하다. 그러나 그 속에서 피어나는 댄서의 유려한 몸짓은 탄성을 자아낸다.

가스트로 펍으로도 유명한 만큼, 공연을 보며 저녁을 먹어도 좋고, 간단히 바에서 칵테일이나 맥주를 마셔도 좋다. 무슨 맥주를 마실지 고민이 된다면, 바텐더에게 몇 가지 시음 맥주를 부탁해도 된다. 우리는 기네스를 주문하고 바에 걸터앉았다. 기네스의 설립자, 아서 기네스(Arthur Guinness)가 1761년, 이곳에서 결혼식을 올렸다고 들은 이야기가 생각이 났다.

무대는 한 평쯤이나 될까. 둘이 서기에도 아슬아슬해 보였던 작은 무대가 순식간에 화려해졌다. 남자 댄서와 여자 댄서는 나비처럼 가벼우면서 고양이처럼 재빨랐다. 완벽하게 합을 이룬 그들은 마치 한 평 무대를 달리는 천리마 같았고, 넓은 홀 안에는 구두와 바닥의 하모니만이 공중에 울려 퍼졌다. 그들이 무대에 오를 때마다 펍 안의 모든 시선들이 홀린 듯 압도당했다.

Come on Ireland!,
The Bleeding Horse

24-25 Camden Street Upper, Dublin 2

"Come on Ireland!"

사내들이 거칠게 어깨를 부딪칠 때마다 곳곳에서 야유와 함성이 들렸다. 아일 랜드 공식 럭비 팀의 초록색 티셔츠를 입은 사람들이 목 놓아라 아일랜드를 응원 했다. 이미 승패가 나온 듯했다. 아일랜드의 승리를 기대할 수 없는 상황에서도 사 람들은 아일랜드를 외쳤다.

매년 2~3월에 유럽에서는 '식스 네이션스 챔피언십(Six Nations Champion-ship)'이 치러진다. 이 기간 동안 유럽은 후끈 달아오른다. 식스 네이션스 챔피언

십은 아일랜드, 잉글랜드, 웨일스, 스코틀랜드, 이탈리아, 프랑스로 이뤄진 국가와 지역들이 경합하는 럭비 경기 대회다. 2014년과 2015년에 연달아 우승을 거머쥔 아일랜드는 럭비 강국이다. 럭비 종목을 총괄하는 국제 스포츠 기구인 국제 럭비 평의회(International Rugby Board, IRB)도 더블린에 있다.

2월 27일, 아일랜드 대 잉글랜드의 경기가 있었다. 일찍 도착했다고 생각했지만 스포츠 펍으로 유명한 이곳은 이미 초록 물결을 이루고 있었다. 특히 이 두 나라의 경기가 있는 날이면 경기가 시작되기 한참 전부터 럭비 티셔츠를 입은 아이리시들이 펍으로 모여든다. 그리고 치열한 응원전을 펼친다.

그런데 이 광경, 낯설지가 않다. 마치 월드컵 한일전을 보는 것처럼 응원 열기가 뜨겁다. 800년간 아일랜드를 지배해 온 잉글랜드에 대한 국민감정이 완전히 씻기지 않은 탓이다. 거기에 럭비 강국들이 붙었으니 그 열기가 오죽할까.

결국 경기는 21 : 10, 잉글랜드의 승리로 끝났다. 만만치 않은 경기였다. 최근 2

년, 연달아 우승을 거머쥔 아일랜드에 비해 지난 4년 동안 이렇다 할 성과를 내지 못했던 잉글랜드가 아주 단단히 약이 올라 있었던 게 분명하다. 이미 스코틀랜드와 이탈리아와의 원정 경기에서 모두 승리했던 잉글랜드는 그 기세를 몰아 한 차례 더 승리를 거뒀다.

한바탕 열기가 휘몰아쳤던 펍은 언제 그랬냐는 듯 다시 일상의 즐거움을 되찾았다. 누구보다도 열정적이게 응원하던 모두가 결과에 깨끗이 승복했다. 비록 오늘 아일랜드가 졌지만 그것은 오직 경기장 안에서라는 생각이 들었다. 승패와 상관없이 경기를 즐길 줄 아는 자들이 진정한 승리자가 아닐까. 최선을 다한 선수들을 위해, 최고의 응원을 보여준 아이리시를 위해 건배를 외친다.

"아일랜드를 위해 Sláinte!"(게일어로 '건강'을 의미하며, 건배 제의를 할 때 외치는 말)

플리 마켓과 블루 버스,
The Bernard Shaw

11-12 Richmond St S, Dublin 2

시내 중심가에서 조금 벗어났지만 버나드 쇼(The Bernard Shaw) 펍은 사람들의 관심을 받는다. 구석구석 손상된 펍의 건물이 벽을 가득 메운 그래피티를 만나면서 공공 예술품으로 탈바꿈했기 때문이다. 버나드 쇼는 단조롭고 평화로운 동네에 나타난 귀여운 악동과 같다. 이곳을 찾는 사람들은 나이도, 국가도, 인종도 다양하다. 귀여운 악동은 모두의 사랑을 먹고 날마다 자란다.

늘 안주하지 않고 재미있는 것을 추구하는 성격 덕에, 특히 젊은이들에게 인기가 많다. 버나드 쇼는 넘치는 에너지를 함께 나누는 방법을 고민해 오다가 마침내 플리 마켓(Flea Markets)을 열기 시작했다. 누구나 사전 신청을 통해 플리 마켓에 참가할 수 있으며, 매주 토요일마다 마당에서 열린다. 옷, 신발, 가방, 장식품, 피자, 도넛 등 다양한 물품들을 사고판다.

가격도 저렴하고 물건 상태도 양호하다. 마리(21)라는 아이리시 대학생은 수익의 절반을 기부하고 싶어서 플리 마켓에 참가했다고 했다. 그녀의 예쁜 마음을 닮고 싶어서, 우리는 그녀로부터 컵을 하나 구매했다. 그러나 무엇을 꼭 사지 않아도

좋다. 비슷한 취향을 가진 이들과 함께 대화를 나누는 것이야말로 플리 마켓에서 얻을 수 있는 가장 큰 즐거움이다.

버나드 쇼의 생가

우리는 카페에서 'Arrosticini with salad & Garlic bread'를 주문했다. 이탈리안 스타일의 양 꼬치와 샐러드였다. 버나드 쇼는 카페와 펍을 겸하고 있어서 커피 한잔을 하기에도, 출출한 배를 채우기에도 좋다. 도톰한 고기 살과 상큼한 드레싱이 버무려진 샐러드가 아주 훌륭했다. 이탈리안 종업원은 '이탈리안 스타일에 아이리시의 영혼이 담겼다'며 소박하게 웃었다.

조금 더 색다른 장소를 원한다면 펍을 지나 외부로 나가보자. 플리 마켓의 생기가 더해갈 즈음, 블루 버스도 손님을 맞을 채비를 한다. 언제 적에는 더블린을 마음껏 뛰어다녔을 버스가 지금은 마당 한편에 있다. 개조된 2층의 창가 자리에서 피자와 파인트를 맛본다면 누구라도 그 매력에 반하지 않을 수 없다. 맛과 멋을 갖춘 블루 버스는 더블린에서 일약 스타가 되었다.

새 삶을 찾은 블루버스처럼, 보잘 것 없이 낡은 펍의 건물에 숨을 불어넣은 건 앞서 언급했듯, 화려한 그래피티다. 주인의 초대로 유수한 아티스트가 펍을 그래피티의 세계로 탈바꿈시켰다. 펍의 이름처럼 건물 외벽에는 버나드 쇼의 초상화가 그려져 있다. 맥주 한잔을 마시며 문득 그가 궁금해졌다면, 슬슬 산책을 나가보는 것도 좋다. 3분 남짓한 거리, 33 싱 거리(Synge Street)에 세계적인 극작가, 버나드 쇼의 생가가 있다.

더블리너를 만나고 싶다면,

Kehoe's

9 South Anne Street, Dublin 2

9 South Anne Street, Dublin 2

문을 열고 들어가자, 여기저기에서 더블리너 특유의 악센트가 들려왔다. 더블린에서 가장 활기찬 거리, 그래프턴 거리(Grafton Street)에서 이토록 가까운 곳이라면 전 세계에서 온 여행자들이 도장 찍듯 파인트 한 잔을 비워내고 있을 줄 알았다. 이름 난 시내의 펍들에서처럼 말이다. 더블리너의 강한 억양으로 꽉 찬 게 도리어 신기했다.

또 하나 신기한 것은 전통 스타일의 펍이지만 음악도, 공연도 없다는 거다. 전통 스타일의 펍에 음악이 흐르지 않는다는 것은 이곳에 더블리너가 많은 것과 같이 고개가 갸우뚱해질 일이다. 그러나 조금만 생각해 보면 쉽게 이해가 된다. 아일랜드의 펍들이 관광 상품화가 된 최근에 들어서부터 펍들은 여행자들을 유치하기 위한 각종 공연들을 경쟁하듯 펼치게 되었다. 그러나 아이리시에게 펍은 여전히 그들의 일상일 뿐이다. 더블리너들은 그래프턴의 '과장된' 펍들을 피해 이곳으로 달려온다. 그 덕분에 이곳에선 더블리너들의 이야기가 실타래처럼 이어진다. 진짜 더블리너를 만나고 싶다면 케호스(Kehoe's)를 방문하자.

하루의 마침표

펍 이름을 발음하는 것은 만만치 않은 일이었다. 'Kee-hoes'라고 발음했다가 리차드가 5번은 교정해 준 것 같다. 아이리시는 'Keh-yo'라고 한 음절로 발음하는데 나에게는 그게 꼭 일본어처럼 들렸다. '케호(Kehoe)'는 800년 전부터 존재하는 전통적인 아이리시의 성씨(Surname)에서 유래했다.

1803년에 문을 연 펍은 오랜 세월을 케호 가문과 함께해 왔다. 서부 유럽에서 혁명이 불꽃처럼 퍼져나가던 시기에 전형적인 빅토리안 스타일로 완성된 이 펍은 더블린에서도 빠르게 유명해졌다. 더블린이 영국의 굴레에서 헤맬 때도, 마침내 하루가 다르게 번성할 때도 케호스는 한결같았다. 그 사이 수많은 더블리너들이 이곳에서 하루의 마침표를 찍었다.

우리는 샌드위치와 스프를 주문했다. 햄과 치즈가 재료의 전부지만 샌드위치의 소박함이 도리어 맛을 더했다. 빼는 것이 더 어렵다는 것도, 과하지 않아 더 좋다는 것도 샌드위치를 먹으며 깨달았다. 거기에 따뜻한 스프까지 더해지니 호화로운 만찬이 부럽지 않았다.

바텐더의 비밀

2층은 몇 년 전 작고한, 펍의 주인 존 케호(John Kehoe)가 살던 공간을 개조해 만들어졌다. 새로운 주인을 맞게 된 벽난로가 더욱 환히 방을 밝힌다. 아일랜드 스타일의 스너그(Snug)는 아늑한 느낌을 준다. 누구에게라도 개방된 공간이면서 동시에 나만의 비밀스런 아지트 같다.

포근한 구석으로 자꾸 파고들고 싶은 이는 비단 나뿐만이 아닌 듯하다. 유명한 아이리시 배우가 이 펍의 단골 손님이라고 들었다. 궁금증을 참지 못하고 물어봤지만 바텐더는 비밀이라며 찡긋 웃어 보였다. 갸우뚱거리는 우리에게 바텐더는 한마디 더 덧붙였다.

"비밀. 그들이 이곳에 오는 이유야"

굳이 사람들이 많은 이 거리까지 찾아오는 이유가 거기에 있었다. 침묵. 누구든 손님으로만 대하는 바텐더의 침묵은 그들에게 작지만 고마운 배려인 것이다.

흑백영화의 한 장면,
The Long Hall

51 South Great George's Street, Dublin 2

더블린에서 아름다운 펍을 꼽자면 이
곳이 떠오른다. 흑백 영화의 배경처럼
펍은 가히 고혹적이다. 그러면서도 절제
된 내면의 멋이 느껴진다. 입구에서 한
발자국을 더 내딛기도 전에 우리는 그
대로 멈췄다. 시간이 멈춘 것만 같아서
잠깐 정신이 아찔했던 것 같다. 혹은 시
간이 거꾸로 돌아가고 있었던 것일까?

몇몇 사람들의 목소리가 뒤엉켰다. 마
음껏 이야기를 나누라고 노래도, 공연도
없다고 한다. 아날로그 감성에 몰입했던
탓인지 더욱 흑백영화 속 한 장면처럼 느껴졌다. 리차드는 상큼한 레몬 향이 나
는 진토닉(Gin&Tonic)을 주문했다. 어느 더블린 관광 책자는 이곳을 '진의 궁전

(Gin Palace)'으로 불렸다. 진의 궁전에서는 사람들의 목소리가 곧 음표였다. 대화는 끊임없이 이어졌다.

복도형의 긴 공간은 펍의 이름을 떠올리게 했지만, 정작 이름이 유래한 곳은 다른 데에 있다. 지금은 막혀있지만 이전에는 좁은 복도형의 공간이 이어져 있었는데, 펍의 이름은 그곳을 지칭했다고 한다. 펍은 시계가 달린 작은 아치형 문을 중심으로, 바에서 앉아 마실 수 있는 곳과 테이블이 마련된 공간으로 나뉜다.

천천히 둘러보아도 어느 하나 비뚤어진 것이 없었다. 고색창연한 분위기가 물씬 나는 대부분의 가구와 소품들은 빅토리안 시대에서 왔다. 1881년, 패트릭 돌런(Patrick Dolan)이 내부 디자인을 완성한 이래로 130년 동안 변한 것이 거의 없다.

독립운동의 산실

롱 홀(The Long Hall) 펍은 아이리시의 근현대사가 살아 숨 쉬는 곳이다. 열렬한 독립주의자였던 조셉 크로미엔(Joseph Cromien)이 인수한 뒤, 이곳은 독립운동의 산실로 변화했다. 조셉 크로미엔의 지원 아래, 페니언(Fenian)과 IRB(Irish Republican Brotherhood) 단원들은 이곳에서 모임을 가졌다. 그들은 은밀히 거사 계획을 세웠고, 1867년에 페니언 봉기(The Fenian Rebellion)를 일으켰다.

1865년, 감옥에 수감되어 있는 독립투사들을 구출하기 위해 비밀 작전이 펼쳐졌다. 그러나 미리 정보를 입수하고 이곳에 잠복해 있던 영국 경찰에 의해 계획이 무산되었다. 이로 인해 조셉 크로미엔이 체포되었고, 펍은 한동안 문을 닫아야 했다.

근래에 들어와서도 펍은 꾸준히 더블린의 중요한 장소가 되었다. 1982년, 아이리시 락의 전설로 불리는 필 리놋(Phill Lynott)은 '올드 타운(Old Town)'의 뮤

직비디오 한 장면을 이곳에서 촬영하였다. 놀라운 것은 영상 속 펍은 지금과 똑같다는 거다.

직원은 틈이 날 때마다 정성스레 테이블을 닦고 또 닦았다. 순간, 이곳에서의 시간이 그저 거꾸로 돌아가는 것이 아님을 깨달았다. 펍을 사랑해 주는 주민들과 펍을 지키려는 주인의 노력이 있기에 펍은 언제나 그 자리에서 손님을 맞이할 수 있었던 것이다. 어느새 할아버지가 된 아이가 어린 시절을 추억하며 술 한잔을 기울일 수 있도록, 마음 편히 쉬어갈 수 있도록 말이다.

백조의 날갯짓,
The Swan Bar

58 York St, Dublin

지금은 오코넬 거리와 그 래프턴 거리가 더블린의 중심거리가 되었지만, 불과 150년 전까지만 해도 안기어 거리(Aungier Street)는 아일랜드에서 가장 넓은 중심 도로였다. 지금도 이 거리에는 많은 펍들이 듬성듬성 일렬로 늘어서 있다. 스완 바(The Swan Bar)도 그중 하나다. 문 앞에 그려져 있는 우아한 백조가 지나가던 우리의 발걸음을 이끌었다.

펍은 1661년에 문을 열었다. 초기 이름은 'Ye Signe of Ye White Swan'였는데, 이는 고어로 '더 사인 오브 더 화이트 스완(The Sign of The White Swan)'이라는 의미다. 당시에는 문맹자가 많았기 때문에 주인은 사람들이 알아보기 쉽도록 백조를 펍의 상징으로 사용했다. 입구에서 백조가 우리를 이끌었듯, 하얀 백조는 사람들의 눈에 잘 띄었다. 그러다가 점차, 간결하게 '스완 바'로 불렸다.

디블린에는 오직 12개의 빅도리인 스타일의 펍이 남아있다. 그 중 한군데인 스완 바는 1897년, 내부 인테리어가 보수된 뒤로 거의 변하지 않았다. 그 시절에 펍은 와인, 맥주뿐만 아니라 설탕, 티, 커피, 코코아 등을 파는 식료품 가게도 겸했다. 넓은 거리에 위치했던 스완 바는 언제나 식료품을 사려는 부인들로 붐볐다.

건물에 남은 역사의 상흔

오랜 세월 더블린을 지켜온 만큼, 펍은 역사의 한 구획을 차지한다. 1920년대, 아일랜드 독립 전쟁과 내전을 치르며 건물의 벽에는 수많은 탄흔이 박혔다. 당시에 이 건물은 시내에서 찾아보기 힘든 높은 건물이었기 때문에 아이리시는 전략상 이곳을 선점했다.

한동안 총탄이 마맛자국처럼 박혀 있었지만 몇 년 전 아이리시 정부가 외벽을 새롭게 단장했다. 멀리서 보면 샛노란 해바라기 같은데, 가까이에서는 드물게 탄흔 자국이 보인다. 일부로 더욱 밝게 상흔을 감추고 있는 것 같아서 잠시 먹먹한 마음이 들었다.

전설이 된 스포츠 영웅

이곳에서는 스포츠의 역사도 함께 느낄 수 있다. 럭비를 좋아한다면, 한 번쯤 방문해야만 하는 곳이다. 창가 한편에 청동 조각상이 빛을 받아 더욱 빛나고 있다. 그는 펍의 전 주인이자 전설적인 럭비 선수, 숀 린치(Sean Lynch)다. 4년마다 열리는 대륙 간 경기에서 그는 아일랜드와 영국 선수로 이뤄진 라이언즈(Lions) 선수로 경기장을 누볐다. 그리고 1971년, 강적이었던 뉴질랜드와의 대결에서 승리를 거머쥐었다.

마침 텔레비전에서 렌스터(Leinster)와 얼스터(Ulster)의 럭비 경기가 중계되고 있었다. 숀 린치의 조각상과 럭비 중계를 번갈아 바라보다가 하마터면 소리를 지를 뻔했다. 우리의 옆에는 전설이 된 진짜 숀 린치가 앉아 있었다. 경기를 보는 그의 눈빛은 날카롭고 매서웠다. 우리는 동상과 동상보다 더욱 빛나는 그의 실물을 번갈아 보기에 바빴다.

펍 안의 펍,
O'Neill's

2 Suffolk St, Dublin 2

트리니티 대학과 가까운 오닐스 (O'Neill's)는 1927년에 문을 연 이래로 많은 학생들의 발걸음을 이끌고 있다. 30년 전, 트리니티 대학 학생이 셨던 리차드 아버지께서도 이곳을 즐겨 찾으셨다고 했다. 지금도 그렇지만, 그때는 더블린에서 가장 유명한 곳이었다고 한다.

내부는 꼭 미로 같다. 층계 밑, 창가 아래 등 구석 곳곳에 숨어있는 자리를 지나치면 넓은 홀이 나온다. 그러다가 다시 틈새 사이사이로 서너 명쯤 앉을 수 있는 공간들이 고개를 든다. 미로 같은 공간이 수용할 수 있는 인원은 총 772명이다.

또 하나 재미있는 사실은 오닐스 안에 또 하나의 펍이 있다는 거다. 4개의 테이블에서는 마치 '셀프 바(Self Bar)'처럼 직접 맥주를 내려 마실 수 있다. 미리 계산한 만큼 맥주를 채워 주거나, 나중에 후불 계산을 하는 방식이다. 친구들과의 모임, 파티용으로 안성맞춤이어서 우리는 그저 부러운 눈으로 쳐다보았다.

더블리너와 여행자의 차이점

많은 사람들이 오닐스를 찾는 이유는 하나 더 있다. 40종류가 넘는 맥주 외에도 훌륭한 한 끼 식사를 즐길 수 있는 곳으로 정평이 나 있다는 게 그 이유. 직원은 우스갯소리로 더블리너의 입맛(술)과 여행자들의 입맛(전통 음식)을 동시에 잡은 곳이라고 했다. 기네스 한 잔과 함께, 여유롭게 신문을 읽는 노신사부터 분주하게 사진기를 누르는 여행자까지, 다양한 손님들이 한 지붕 아래에서 각자의 오후를 즐기고 있었다.

우리는 '아이리시 전통 스튜(Irish Traditional Stew)'를 주문했다. 신선한 두어 조각의 빵이 함께 나왔다. 아이리시 스튜는 양고기나 쇠고기에 양파, 당근, 감자 등을 넣어 찌개처럼 끓인 것을 말한다. 우리네 입맛이 그립거나 따뜻한 국물 한 그릇이 생각나는 저녁이라면, 아이리시 스튜가 제격이다. 부드러운 고기와 속이 찬 감자의 조합이 제법 든든하다.

몰리 말론, '새조개와 홍합 사세요!'

오닐스 밖으로 나오면 더블린의 유명 인사, 몰리 말론(Molly Malone)의 동상이 보인다. 전설에 의하면, 17세기에 몰리 말론이라는 소녀가 더블린에서 가난을 이기기 위해 낮에는 생선을, 밤에는 몸을 팔다가 죽었다고 전해진다. '몰리 말론'이

라는 노래는 아일랜드 공화국군의 광복
군가로도 불렸으며, 1988년 더블린 시
는 6월 13일을 '몰리 말론의 날'로 지
정했다.

아기자기한 오닐스의 창문, 틈새에 위
치한 화분 그리고 예쁜 조명. 영국의 지
배 아래, 어두웠던 더블린의 과거를 단
편적으로 보여주는 그녀의 동상 앞에서
오닐스의 예쁜 외관은 더욱 두드러진다.
그녀가 죽은 이후, 더블린의 골목에서는
밤마다 '새조개와 홍합 사세요!'라는
유령의 외침이 들렸다고 한다. 외로웠던
그녀의 혼이 언제나 사람들로 붐비는 오
닐스에서 위로를 받았으면 한다.

펍에서 찾은 수도원의 흔적,
The Abbey Tavern

28 Abbey St, Howth, Co. Dublin

다트를 타고 북쪽 종점에 내리면 더블린 근교 마을, 호스(Howth)에 도착한다. 탁 트인 바다, 한결같은 등대, 갓 잡은 신선한 해산물. 이 세 가지만으로도 호스를 방문할 이유는 충분하다. 특히 더블린의 부촌으로 소문난 호스에는 뛰어난 레스토랑이 즐비해 있어서 도심 속 휴양지로도 각광을 받고 있다.

이날 우리가 호스를 찾은 이유는 새우가 제철인 시기를 맞아 '더 더블린 배이 프라운 페스티벌(The Dublin Bay Prawn Festival)'이 열리기 때문이었다. 중세 시대부터 이미 항구도시로 잘 알려진 호스는 신선한 해산물로 유명하기에, 이보다 더 좋은 축제 개최지가 없었다.

우리는 호스에서 가장 오래된 펍, 애비 타번(Abbey Tavern)을 찾아 나섰다. 오르막길을 따라 올라가니 몇 백 년은 되었음직한 수도원이 보였다. 몸체가 온전히 남아 있지는 않았지만 성스러웠을 수도원이 상상되었다. 수도원이 애비 타번과 연관이 있다는 것은 이후, 펍에서 알게 된 사실이다.

평일 저녁에도 펍은 축제의 열기를 이어갔다. 가스트로 펍으로 정평이 나 있어

어떤 메뉴를 시켜도 상관없었지만, 이날을 위해 준비된 스페셜 메뉴인 '더블린 배이 프라운 칵테일'을 주문했다. 칵테일 잔에 새우가 예쁘게 담겨 나왔다. 새우 맛 칵테일이 아니라서 아쉬운 건지, 다행인 건지 모르겠다고 농담하면서 도톰한 새우를 베어 물었다.

더블린 배이에서 자고 나란 새우는 아일랜드에서도 명성이 높다. 살이 통통하고 고소해서 전국 각지에서 일부러 찾아온다고 한다. 거기에 제철까지 맞은 새우는 '입에서 녹는다'는 표현이 딱 어울렸다. 곁들여 나온 달콤새콤한 프라운 칵테일 소스는 새우의 맛을 더욱 살려 주었다. 우리는 대단히 만족했다. 그러나 리차드

와 달리 내가 1% 아쉬웠던 건, 시큼하고 새콤한 우리네 초장이었다.

애비 타번은 11세기에 지어진 세인트 마리스 수도원(St. Mary's Abbey) 위에 지어졌다. 오르막길에서 보았던 수도원의 흔적을 떠올렸다. 수도원은 16세기에 한 차례 확장 공사를 했는데, 그때 지었던 건물 일부분을 여전히 펍에서 찾아볼 수 있다. 우리가 자리 잡았던 2층에서 손상되지 않은 당시의 벽을 볼 수 있었다.

유서 깊은 흔적과 함께 지켜져 내려오는 것이 또 하나 있다. 1960년대에 처음으로 선보여 지금까지 이어져 오는 아이리시 음악 공연이 바로 그것이다. 인기가 꾸준히 이어지자, 주인은 따로 홀을 만들어 정기적으로 공연을 선보였다. 이곳을 거쳐 간 음악가들 중엔 '더 더블리너즈(The Dubliners)', '플랭스티(Planx-ty)', '더 치프턴스(The Chieftans)', '크리스티 무어(Christy Moore)' 등이 있다.

추억의 조각,

Café En Seine

40 Dawson St, Dublin 2

나는 늘 이 공간을 곁에 두려고 애썼다. 대접하고 싶은 손님이 왔을 때도, 친구들과 가벼운 수다를 즐길 때도 이곳을 찾았다. 그렇다 보니 눈으로 보지 않아도, 직접 밟지 않아도 그 생김과 분위기를 느낄 수 있는 경지에 이르렀다. 가만히 떠올리고 있자면, 늘 비가 내리는 더블린의 오후가 함께 어른거렸다.

그렇게 많이 들렀지만 안쪽의 바(Bar)는 이용해 본 적이 없다. 내게 이곳은 카페다. 햇살이 비춰 드는 오후에 조용히 들어와 비가 내릴 때까지 차창 밖을 바라보는 것을 나는 좋아했다. 비 내리는 더블린이 특별할 것도 없었지만 커피의 향과 애플 타르트의 진한 맛이 내게 적절한 감성을 선물해 주었다.

바삭한 겉과 달콤한 사과 잼이 황홀한 타르트가 입안에 자연스럽게 녹아내렸

115

다. 거기에 미술관 같은 펍의 풍경이 겹쳐지는 그 완벽함이란. 흐르는 빗줄기 너머로 뜨거운 커피 한 잔이 깊이 담아 두었던 추억의 조각들을 하나씩 들추었다. 따로 곁을 주지 않으면, 추억이란 쉽게 잊힐 수도 있다는 것을 이곳에서야 비로소 알게 되었다.

자유의 여신상과 아마존 여인

Café En Seine은 더블린의 추억들이 차곡차곡 쌓여 있는 곳이기도 하다. 3백 년 동안, 역사는 끊임없이 이 건물을 타고 돌았다. 첫 단추는 1798년, 아이리시 봉기 (Irish Rebellion)다. 아이리시 봉기는 프랑스 혁명과 미국 혁명에 감명을 받은 아이리시 공화당원들이 영국의 지배에 대항한 무장민중봉기다.

그러나 영국은 반란을 제압했고, 아일랜드를 도왔던 일부 프랑스 전쟁 포로들이 이곳에 남게 되었다. 그중 키가 180cm가 넘었던 아마존 출신의 여자가 훗날 뉴

욕항의 자유의 여신상을 제작하는데 모티브가 되었다는 이야기가 전해진다. '센느 강의 카페'라는 이름처럼, 용맹하고 지혜롭던 그녀가 잠시나마 머물렀던 이곳에서 프랑스의 분위기를 느낄 수 있는 것은 재미난 우연이다.

이후에는 매음굴, 재봉사, 성직자 클럽, 의사 협회, 자동차 전시장 등으로 사용되다가 한때는 아일랜드 정부의 임시 거처가 되기도 했다. 다사다난한 해들을 수없이 보낸 Café En Seine은 더블린의 어떤 명소보다 더블리너들의 사랑을 받는 곳이 되었다. 풍부한 역사와 더불어 아름다운 인테리어로 늘 잊지 못할 추억을 선물해 주는 Café En Seine. 더블린에 머무르는 동안, 늘 곁을 내어 주고 싶다.

맛있는 한국,
Hop House

160 Parnell St, Dublin 1

아무리 근사한 곳에 가더라도 내 방 침대가 가장 편한 것처럼, 제 아무리 진귀한 음식을 먹어도 매콤한 제육볶음이, 얼큰한 국물이 생각날 때가 있다. 오랜 타지 생활에 어머니 손맛이 그리운 유학생이나 불현듯 떠오르는 그 맛을 참을 수 없는 여행자라면 파넬 거리(Parnell Street)에 위치한 호프 하우스(Hop

House)에 들르는 것은 어떨까.

호프 하우스는 한국인 사장님이 운영하시는 아이리시 펍이다. 절반은 펍으로, 절반은 레스토랑으로 나뉘어 있는데, 경계가 엄격하지 않다. 펍에서도 레스토랑 메뉴를 주문할 수 있다. 이 때문에 호프 하우스보다 '김치 레스토랑'이라는 이름으로 더 많이 알려져 있다. 김치 레스토랑은 더블린에서 가장 오래된 한식당이다.

문을 열고 들어가면 여기저기에서 태극기가 보인다. 한국인 사장님, 한국인 종업원, 한국 손님. 나도 모르게 슬쩍 반가움이 든다. 의외인 것 같지만 더 이상 의외가 아닌 사실은 서투른 젓가락질로 한국 음식을 먹는 외국인들도 많이 볼 수 있다는 거다. 2009년에는 잡지 〈음식과 와인(Food and wine)〉에서 상을 받기도 했을 만큼 외국인들에게도 인기다.

리차드가 가장 좋아하는 메뉴는 두부 비빔밥이다. 온갖 야채들이 알록달록하게 어우러져 보기도 좋은데, 거기에 따뜻하게 유지되는 돌솥의 비결이 꽤나 신기한 모양이다. 각종 찌개와 전골, 국수 등 다른 메뉴에도 엄지를 치켜세운다. 내가 가장 좋아하는 메뉴는 매콤 달콤한 소스가 버무려 있는 한국식 양념 통닭. 맥주 한 잔이 생각나는 날 이보다 더 좋은 안주도, 이보다 더 좋은 펍도 아직 발견하지 못했다.

그러나 어떤 일품요리도 가족들과 둘러 앉아 먹는 어머니의 밥상에는 비하지 못하리라. 푸짐하게 차려진 음식을 먹다 보면 그리운 마음이 더해질 때가 있다. 그럴 때면 마지막 숟가락을 내려놓기 전에 마음을 담은 메시지 하나를 보내 보는 것은 어떨까. 어느 훌륭한 음식도 사랑하는 사람들과 함께 먹는 음식보다 뛰어나지 못하다.

김치 레스토랑은 정오부터 밤 11시까지, 호프 하우스는 오후 5시부터 자정까지 운영된다. 요일에 따라 운영 시간이 조금씩 다르다. 자리가 넉넉하기 때문에 각종 모임을 갖기에도 좋다. 이국적인 더블린의 정취에 한국의 맛이 조미료처럼 버무려진 이곳은 유학생들을 비롯해, 많은 여행객들에게도 따뜻한 고향이 되어 준다.

마녀사냥, 그녀의 존재,
Darkey Kelly

19 Fishamble St, Christchurch, Dublin 2

'마녀사냥', 16~18세기에 권력을 유지하기 위해 유럽 사회에서 자행되던 끔찍한 학살이다. 더블린에서도 마녀라고 매도된 여성, 달키 캘리(Darkey Kelly)가 18세기 중반, 끔찍한 화형을 당했다. 그녀가 운영하던 사창가의 마룻바닥에서 시체들이 발견되었다는 게 '공식적인' 이유였다.

악단이 흥겹게 공연을 하는 동안 분위기가 한껏 고조되었다. 몇 세기 전, 이곳에서 있었던 파란은 전설 속으로 사라졌다. 그녀가 누구였는지는 이제 입에서 입으로 전해 내려오는 옛날이야기다. 누구는 그녀가 아일랜드의 첫 번째 연쇄살인범이라고 했고, 누구는 잔인한 마녀라고 했다. 구름 같은 전설은 오늘날 더 많은 여행자들을 현혹시키고 있다.

　매일 밤, 이곳에서는 공연이 펼쳐진다. 뮤지션은 같이 부르자고 관객의 호응을 유도하더니, 급기야 몇몇 관객을 무대 위로 이끌었다. 축제 같은 밤은 재미있는 이벤트로 더욱 뜨거워졌다. 악단 단원들은 관객에게 각각 2유로씩 거둬서 '악기 당첨' 이벤트를 펼쳤다. 그들이 숫자를 발표할 때마다 숨을 죽이고 바라보던 무대 아래에선 아쉬움과 함성이 터져 나왔다.

전통 아이리시 술, 푸친

　무엇을 마실까, 고민하는 것도 하나의 즐거움이다. 다양한 수제 맥주부터 칵테일과 위스키에 이르기까지, 다양한 종류의 알코올을 맛볼 수 있다. 우리가 주문한 것은 처음 시도해 본 '푸친(Poitín)'이다. 숙취(Hang Over, 행 오버)를 의미하는 게일어 'póit'에서 기인한 푸친은 그만큼 독하다는 의미리라.

서부 아일랜드에서 특히 유명한 푸친은 개인 주조가 불법이다. 너무 독해서 개인이 주조하기에 위험하기도 하고, 알코올에 대한 세금을 내지 않기 때문이다. 그럼에도 집집마다 암암리에 만들곤 한다. 시골 마을에서는 이웃집과 우리 집 땅의 경계선에 주조시설을 세우기도 하는데, 만약의 경우에, 서로가 책임을 회피하기 위해서라고.

내게는 실험용 알코올을 마시는 것처럼 너무 독하기만 해서 결국 콜라와 섞고 말았다. 술을 좋아하기로 둘째가라면 서러운 아이리시, 리차드도 푸친 앞에서는 고개를 한 번 휘젓는다. 그 독한 맛, 강한 맛에 익숙해진다면 비로소 진짜 '아이리시'를 이해하게 되는 걸까. 우리는 갈 길이 먼 모양이다.

블룸의 점심 식사,
Davy Byrnes

21 Duke St, Dublin

더블린에서 가장 유명한 '문학 펍'을 꼽으라면
데이비 번스(Davy Byrnes)를 지목했다. 제임스
조이스의 소설 〈율리시스〉의 공간적 배경이 되는
곳이기 때문이다. 우리는 같은 공간에 자리를 잡
았을 100년 전 '블룸'을 상상했다.

우리는 그처럼, 고르곤졸라 샌드위치와 레드 와
인을 주문했다. 우리 같은 손님을 수없이 보아 왔
을 직원은 정확히 'Pinot Noir Bourgogne Cou-
vent des Jacobins' 와인을 짚어 주었다. '블룸
스 데이(Blooms Day)'도 아니었지만 여기저기
에서 같은 메뉴를 시킨 것이 눈에 띄었다. 블룸스
데이는 〈율리시스〉의 시간적 배경이 되는 6월 16
일에, 의상을 갖춰 입고 블룸의 여정을 따라가는

축제다.

블룸스 데이 때는 발을 디딜 곳이 없을 정도로 많은 손님들이 오간다고 한다. 블룸과 같은 메뉴를 시키고 시를 낭독하며 즐거운 시간을 갖는다. 펍은 제임스 조이스의 소설 〈더블린 사람들〉에도 등장하지만 〈율리시스〉의 블룸으로 인해 단숨에 더블린의 대표적인 문학 펍으로 거듭났다.

제임스 조이스 덕분에 매출이 크게 올랐고, 이에 보답하기 위해 주인은 '데이비 번스 단편 소설상(The Davy Byrnes Short Story Award)'을 제정했다. 5년에 한 번 열리는 이 대회는 제임스 조이스의 문학 정신과 문학 펍으로서의 전통을 계승하기 위함이다. 수상자들의 작품은 책으로도 출판이 되어 더욱 뜻깊다.

블룸의 점심 식사는 생각보다 단출했다. 두꺼운 치즈, 버터 그리고 브라운 브레드가 전부다. 그러나 빵 위에 버터를 얇게 발라 그 위에 두꺼운 치즈를 얹으니 고소하고도 깔끔한 한 끼 식사가 되었다. 프랑스산 브르고뉴 와인은 가볍고 신선했다. 블룸은 알았을까. 그의 한 끼 메뉴마저 불처럼 번져나가 유행이 되리라는 것을.

비하인드 스토리

드라마나 영화를 한 편 보고 나면 '비하인드 스토리'가 더욱 재미날 때가 있다. 표면에 드러난 화려함보다 그 이면에 숨겨진 비밀스러움이 사람들의 호기심을 자극하는 법이다. 데이비 번스를 언급할 때는 항상 〈율리시스〉가 함께 등장한다. 여기에도 비하인드 사실이 숨겨져 있다.

데이비 번스 펍은 1889년에 문을 열었다. 당시의 주인이 건물을 임대하기 이전 주인 이름이 '제임스 조이스'였다고 한다. 작가 제임스 조이스가 미리 알고 소설의 배경으로 이곳을 택했는지는 여전히 재미있는 논쟁거리다. 모두들 그의 마음을 추측해 볼 뿐이지만, 우연치고는 참 재미있다.

펍이 〈율리시스〉로만 알려지기에는 아쉬운 사실이 한 가지 더 있다. 1900년대 초반, 오랜 기간 영국의 지배를 받던 아일랜드에 독립의 씨앗이 태동하고 있었다. 재무장관을 맡았던 마이콜 콜린스를 필두로 아일랜드 임시 정부 회의가 이곳에서 열렸다. 그래서 회의가 있는 날이면 주인은 휴업을 하거나 일찍 문을 닫아 그들에게 안전한 장소를 마련해주었다고 한다.

프랑스 장인의 와인 한 잔,

The Bailey

2 Duke St, Dublin

데이비 번스와 마주보고 있는 베일리(The Bai-
ley)의 테라스는 항상 사람들로 가득 차 있다. 공
기가 제법 차가운 아이리시 날씨에도 난로가 밝히
고 있는 테라스는 끄떡없다. 번잡한 그래프턴 거
리에서 몇 걸음 벗어났을 뿐인데, 난로의 아늑함이
더해져 전혀 다른 세계 같다. 이곳에서 마시는 와
인 한 잔은 번잡한 일상의 고민마저 잊게 해 준다.

좋은 장소에서 좋은 와인을 맛보는 것은 행복한
경험이다. 테라스에서 마시는 와인 한 잔은 분위
기까지 감미롭게 만든다. 주변의 테이블을 둘러만
보아도 이곳에서는 맥주보다 와인이 더 눈에 띈다.
베일리는 Jonqueres d'Oriola Wine과 독점 체결
을 맺고 와인을 수입하고 있다.

Jonqueres d'Oriola Wine은 무려 1485년부터 와인을 생산해 오고 있는 프랑스 장인 가문이다. 현재 27대가 가업을 이어오고 있으며, 아일랜드에서는 오직 베일리에서만 맛볼 수 있다. 그중 우리가 주문한 화이트 와인 'Jondor Sauvignon Blanc'은 한 잔에 6유로로, 가볍고 상큼한 것이 특징이다.

No 7. Eccles Street

베일리는 '듀크 거리의 펍' 답게 많은 작가들의 사랑을 받아 왔다. 아일랜드의 시인인 올리버 세인트 존 고가티(Oliver St. John Gogarty, 1878-1957)는 더블린에서 최고의 스테이크와 위스키를 맛볼 수 있는 곳이라며 이곳을 칭찬했다. 비록 오늘날에는 스테이크 메뉴가 없어졌고, 위스키보다 와인과 칵테일이 유명하지만 말이다.

내부로 들어서면 한쪽 벽면을 가득 메우는 제임스 조이스의 초상화가 보인다. 더블린의 어느 펍에서나 안경을 끼고 왜소한 체구를 가진 그의 얼굴을 찾아볼 수 있지만, 유독 듀크 거리에서는 그의 이야기가 리피 강물처럼 끝없이 흘러나온다. 베일리와 관련된 제임스 조이스의 일화는 무엇일까, 궁금해졌다.

이야기는 No 7 에클레스

거리(Eccles Street)에서 시작된다. 당시 이탈리아에 살던 조이스가 에클레스 거리에 살고 있는 친구 번(Byrne)의 집을 방문했다. 조이스는 부인 노라(Nora)가 과거에 다른 남자와 데이트를 했다는 것을 알고 질투심에 괴로워했다. 그러나 번은 사실이 아니라며 조이스를 안심시켰다.

한층 진정이 된 조이스는 그의 집에 하루 더 머물면서 더블린 시내를 산책했다. 즐거운 시간을 보내고 돌아왔을 때 둘은 열쇠가 없다는 것을 깨달았다. 몸이 가벼웠던 조이스가 부엌의 작은 문으로 먼저 들어간 뒤, 문을 열었다. 훗날, 그들의 에피소드가 조이스의 〈율리시스〉에 등장했다. 블룸은 번과 똑같은 키와 몸무게를 가지고 있으며 블룸의 가족은 No 7 에클레스 거리에 산다.

그러나 1960년대, 그 구역에 병원이 지어지면서 조이스의 발자취이자 〈율리시스〉의 배경 공간이 허물어질 위기에 놓였었다. 당시 〈율리시스〉의 팬이자 베일리의 주인이던 존 프란시스 라이언은 소식을 듣고 허겁지겁 달려갔다고 한다. 그는 유산을 보존해야 한다는 일념으로 No 7의 '문'을 샀고, 그 문은 약 30년 동안 베일리의 입구를 지켰다. 그 덕분에 지금 우리는 35 N 그레이트 조지 거리(Great George's Street)에 위치한 제임스 조이스 센터에서 그 문을 찾아볼 수 있다.

햇불은 어둠을 밝히고,
Neary's

1 Chatham St, Dublin

　램프를 보는 순간, 미국 뉴욕 항 주변에 있는 '자유의 여신상'이 떠올랐다. 자유를 상징하는 햇불이 활활 타오르는 것처럼, 니어리 바(Neary's Bar)의 램프도 어둠이 내려앉은 채텀 거리 (Chatham Street)를 환하게 밝히고 있었다. 그래프턴 거리처럼 화려한 주인공이 아니더라도 조용히 그 옆을 지키면서 말이다.

　펍 이름의 유래는 1887년으로 거슬러 올라간다. 토마스 니어리가 펍을 열었을 적, 그의 성 (Surname)에서 기인했다. 오래도록 변하지 않은 것은 펍의 이름뿐만이 아니다. 입구의 램프와 내부 곳곳에 있는 4개의 가스램프는 몇 개 남지 않은 아일랜드 옛 시대의 유물이다. 1957년 이래로 가스램프는 여전히 작동 중이다.

　내부 공간은 두 개의 출입문을 기준으로 나누어지는데, 둘 중 작은 공간은 스너그다. 불과 30년 전까지만 해도 여성들에게 술을 팔지 않는 펍도 있었고, 암묵적인 사회적 분위기 속에 여성 스스로가 출입을 삼가기도 했다는 건 이미 앞에서도 밝힌 사실이다. 비교적 덜 개방된 스너그에서 때때로 여성들이 시간을 보냈는데, 바텐더는 메인 바와 연결된 작은 창문 사이로 음식이나 술을 전달했다.

더블린의 극장 바(Bar)

　펍은 예술가들의 사랑방이기도 했다. 아일랜드 정부는 문학을 증진시키기 위해 소설, 시, 수필 등 각 분야의 작가들을 고용했다. 그중, 소설 〈헤엄치는 두 마리 새〉의 작가인 플랜 오브라이언(Flann O'Brien)이 니어리 바를 즐겨 찾았다고 한다. 이곳에서 마신 기네스 한 잔이 그의 주옥같은 소설에 지대한 영향을 미쳤을지

도 모를 일이다.

또한 게이어티 극장(The Gaiety Theatre)의 뒷문이 니어리 바의 뒷문과 좁은 골목길을 사이에 두고 마주 보고 있어서 많은 배우들이 펍에 들르곤 했다. 1871년에 문을 연 게이어티 극장에서는 뮤지컬이나 오페라가 공연된다. 쉬는 시간이나, 공연이 끝난 뒤 많은 배우들이 찾았던 덕에 이곳은 '더블린의 극장 바(Dublin's Theater Bar)'라는 별명을 가지게 되었다. 극장의 뒷문이 우측으로 이동했지만, 여전히 지척이다.

상기된 사람들의 목소리와 맥주잔이 가볍게 부딪치는 소리만이 펍을 메운다. 일주일에 한두 번, 위층에서 재즈 공연이 열리는 것 말고는 음악도, 라디오도, 텔레비전도 없다. 그럼에도 불구하고 수많은 작가들과 배우들이 이곳을 즐겨 찾았다. 무엇이 그들에게 예술적 영감을 불어넣는 걸까. 답은 가까이에 있다. 은은한 대리석 카운터, 빛나는 구리 빛 가스등, 보석 같은 샹들리에. 미(美)는 미를 창조한다.

파넬의 손가락 끝에,

The Parnell Heritage Bar

72-74 Parnell St, Dublin 1

오코넬 거리 북쪽 끝에는 아일랜드 독립 운동의 아버지 찰스 스튜어트 파넬(Charles Stewart Parnell, 1846-1891)의 동상이 있다. 토지 개혁을 통해 소작인들의 삶을 돕고 영국으로부터 아일랜드의 자치 문제를 이끌어 낸 그는 '왕관을 쓰지 못한 왕'이라고도 불린다. 불륜으로 인해 직위와 명예를 잃었지만 그의 사후, 무려 15만 명의 사람들이 장례식을 찾았을 만큼 그는 폭넓은 지지를 받은 민족 지도자다.

파넬 동상의 손가락이 향하는 그 끝에 이곳, 파넬 헤리티지 바(The Parnell Heritage Bar)가 있다. 친구를 만날 때나 정치적 모임을 가

질 때 그는 종종 펍을 찾아오곤 했다. 1881년, 펍의 맞은 편에 있는 로툰다 병원(Rotunda Hospital)에서 연설을 마치고 이곳에 들르기도 했다. 로툰다 병원은 1745년에 유럽에서 임산부를 위해 설립한 첫 번째 병원이다.

당시에 파넬 광장 주변은 굉장히 부유한 구역이었다. 19세기, 인류의 역사에서 가장 참혹했다고 불린 '대기근(Great Famine)'이 태풍처럼 아일랜드를 강타할 무렵에도 펍은 일대에서 가장 비싼 펍으로 꼽히며 나날이 번성했다. 구역에 관한 한 가지 더 흥미로운 사실은, 민족주의 발판으로 여겨지는 파넬의 이름에서 기인한 파넬 거리가 당시만 해도 '그레이트 브리튼 거리(Great Britain Street)'였다고.

아이리시 사이다의 매력

약 10년 전, 보수를 통해 펍에는 엘리베이터가 생겼다. 맨 꼭대기 층인 루프 탑(The Roof Top)을 포함해 펍은 3층으로 이루어져 있다. 각 층마다 분위기가 사뭇 다르다. 1층이 활기찬 여행자의 느낌이라면, 2층은 분위기 있는 바(Bar), 3층은 젊은이들의 아지트 같은 느낌이다. 어느 층에서든 시대와 문화를 관통하는 편안한 매력을 느낄 수 있다.

우리는 1층에 자리를 잡고, '벌머 사이다(Bulmers Cider)'를 한 잔씩 주문했다. 아일랜드의 거의 대부분 지역에서 맛볼 수 있을 정도로 폭넓게 공급되는 '벌머'는 과일 맛이 나는

아이리시 맥주 브랜드다. 사과, 딸기, 배 등 다양한 과일 향으로 상큼한 것이 특징이지만 이래 봬도 알코올 도수는 4.7%다. 이렇게 과일 맛이 나는 맥주를 '사이다(Cider)'라고 부르는데, 우리가 아는 음료수 '사이다'와는 물론 천지 차이로 다르다.

1930년대부터 아이리시인 윌리엄 매그너 (William Magner)가 시작한 이 맥주는 한때, 영국의 H.P. 벌머와 합병했으나 지금은 독립해 연관성은 없다. 영국의 벌머와 구별하기 위해 아일랜드에서는 '벌머 인 아일랜드(Bulmers in Ireland)'로, 해외에서는 '매그너스(Magners)'라고 불린다. 한 끼 식사와도 가볍게 어울리는 아이리시 사이다를 한 잔씩 음미해 보는 것은 어떨까. 한 잔의 파인트가 부담이 된다면, 가격도 양도 절반인 하프 파인트(Half Pint)를 주문하면 된다.

더블린에서 가장 오래된 펍,
The Brazen Head

20 Lower Bridge St, Dublin 8

전설에 따르면 수도사 로저 베이건(Roger Bacon)이 청동으로 된 '머리'를 만들었다고 한다. 원하는 질문에 답을 해주거나 미래를 예측하는 힘을 가지고 있었던 머리는 '더 브레이즌 헤드(The Brazen Head)'라고 불렸다. 마음이 어지럽던 날, 나는 더 브레이즌 헤드를 찾았다. 전설처럼, 마음이 시원해지기를 바라면서 말이다.

떠나가는 일요일 밤을 놔주지 않으려는 듯이, 주말의 펍은 신나는 파티 분위기였다. 가슴에 배지를 달고 우스꽝스럽게 분장을 한 열댓 명의 여자들이 눈에 띄었다. 그들은 예비 신부와 함께 '헨 파티(Hen Party)'를 즐기는 중이었다. 우리나라로 치면 결혼 전에 친구들과 갖는 '처녀 파티'다. 이전에도 이곳에서 몇 번 본 적이 있어 낯설지 않았다.

여기저기에서 박수가 터지고 누군가 휘파람을 불렀다. 나도 자연스럽게 그들 틈에 섞였다. 어느새 우울했던 기분도 잊고 흥겨운 분위기에 이끌려 그녀들과 함께 발을 맞췄다. 박자도 틀리고 가사도 몰랐지만 그것은 중요하지 않았다. 펍 안의 사

람들 모두가 신부의 앞날을 진심으로 축복해 주었다.

브레이즌 헤드에서는 주말 같은 밤이 매일 반복된다. 작은 음악 콘서트가 열려 아이리시 전통 음악을 감상하기에 제격이다. 또한 가스트로 펍으로도 유명한 만큼, 음식도 훌륭하다. 큼지막한 채소와 고기가 푹 익은 아이리시 스튜도 좋고, 고로케 같은 피시 케이크도 먹을 만하다.

혹시 일상이 된 더블린이 지루하거나, 배낭을 멘 여행길이 녹록하지 않다면, 잠시 이곳을 들르기를 추천한다. 내 마음을 읽어 줄 누군가가 필요할 때, 흘러가듯 브레이즌 헤드의 전설을 떠올려 보자. 맛있는 음식과 풍요로운 음악이 있는 이곳에서 잠시나마 숨을 고른다면, 펍의 전설은 당신의 현실이 될지도 모른다.

역사의 산 증인

역사적인 장소는 방문만으로도 가치가 있다. 과거를 쫓아 오늘을 배울 수 있기 때문이다. 1198년에 문을 연 브레이즌 헤드 펍은 더블린에서 가장 오래된 펍이다. 역사의 산 증인인 셈이다. 1653년, 아일랜드에서 술을 팔 수 있는 법이 만들어지기 이전부터 브레이즌 헤드 펍은 이미 술을 팔고 있었다.

브렌단 비언, 조나단 스위프트가 브레이즌 헤드를 즐겨 찾았고, 제임스 조이스도 소설 〈율리시스〉에서 언급했나. 또한 로비트 애밋, 울프 톤, 다니엘 오코넬, 마이클 콜린스 등 정치계 인사들도 즐겨 찾았다. 특히 이곳에 머물기를 즐겼던 로버트 애밋의 유령이 여지껏 돌아다닌다는 소문이 있다.

마지막 파인트는 그대와 함께,
Hughes' Bar

19 Chancery St, Dublin

휴즈 바(Hughes's Bar)는 더블린 시내 중심가에서 살짝 벗어나, 루아스 정류장인 포어 코트(Four Court) 역 주변에 있다. 저비스(Jurvis) 역에서 걸으면 약 15분 정도 걸리는데, 펍 주변에 다다를수록 주변이 조용해진다. 검정색으로 색이 칠해진 외관은 흑마(馬)처럼 멋스럽다.

1922년, 영국 지배하의 아일랜드 자치를 인정받게 한 '영국-아일랜드 조약'을 지지하는 세력과 반대하는 세력 간에 전쟁이 일어났다. 이를 '아일랜드 내전(The Irish Civil War)'이라고 부른다. 당시 법원이 폭파되면서 인근에 있던 바의 건물도 함께 파괴되었다. 약 30년 동안 상흔을 안고 있던 건물을 1953년, 휴즈 가문이 사들이면서 현재의 펍이 문을 열게 되었다. 위층은 여전히 가문의 보금자리로 사용된다.

 법원을 마주하고 있다
보니, 이와 관련된 에피소
드도 많다. 이혼을 앞둔 이
들에게는 이곳이 함께 하는
마지막 식사일 수도 있고,
심문을 앞둔 이들에게는 자
유롭게 마시는 마지막 파인

트가 되지 않겠냐며, 바텐더가 조용히 웃어 보였다. 이 점잖은 할아버지 뒤로, 익
살스러운 표정의 노인 바텐더 모형이 사뭇 대비가 되었다. 할아버지 바텐더는 바
에 앉은 손님의 이야기를 마저 들어 주었다.

휴즈 바는 전통 음악 공연으로 잘 알려져 있다. 매주 수요일과 주말에 공연이 열
리는데, 수요일은 입구 옆 작은 스너그 안에서 열린다. 우리는 기네스 한 잔을 들
고 조심스럽게 문을 열었다. 듣는 사람보다 연주자가 더 많았다. 다 같이 기타를
치다가도, 한 사람씩 번갈아 가며 독창을 했다. 서로에게 박수를 아끼지 않으며 그
들 스스로가 음악을 즐겼다. 자연스러운 모습이 보기 좋아서 우리는 몇 시간을 조
용히 더 머물렀다.

할아버지 바텐더는 우리에게 휴즈 바의 엽서를 선물로 주었다. 내가 보낸 이 엽
서를 받은 누군가와 언젠가 이곳에서 함께 밤을 즐겼으면, 하는 마음이 들었다. 사
진 속 외관은 흑마처럼 늠름하지만, 직접 와 보지 않고서야 살아 숨 쉬는 펍의 음
표도, 상흔을 삼킨 건물의 속마음도 들여다볼 수 없기 때문이다. 이곳에 방문할 이
유는 많다. 어떤 이유든 법원만 아니라면 그게 제일 좋은 이유일 게다.

'더 더블리너스'의 첫 무대,
O'Donoghue's

15 Merrion Row, Dublin

맥주 한 잔을 앞에 두고 연주가 시작되었다. 그들 중 한 명이 먼저 피들(바이올린)을 켜니 한두 명씩 곡조에 맞춰 참여했다. 삼삼오오 떠들던 이들이 주변에 모여들고는 구두로 박자를 맞췄다. 피들, 일리언 파이프(Uilleann Pipes), 틴 휘슬 등 아일랜드 전통 악기로 연주한 포크 음악이 경쾌한 축제의 서막을 열었다.

'세션(Session)'은 악기를 연주하거나 노래를 부르는 비공식 모임을 말하는데, 모임의 장소는 주로 펍이다. 펍은 아마추어 음악가들을 지지하는 동시에, 아이

리시 전통 음악의 맥을 이어가는 역할을 한다. 오늘의 아마추어가 내일의 스타가 될지도 모르니 유심히 살펴보아야 한다.

그렇게 오도노휴(O'Donoghue's)에서 탄생한 스타가 한 둘이 아니다. 아일랜드 대표 밴드인 '더 더블리너스(The Dubliners)'가 이곳에서 처음으로 결성되었다. 인터넷 위키백과에도 공공연하게 소개되어 있다. 오도노휴 펍을 자주 드나들던 멤버들이 1962년, 더 더블리너스를 조직했다. 이들은 발라드 위주의 곡들을 부르면서 크게 성공했다.

크리스티 무어(Christy Moore) 역시 빼놓을 수 없다. 싱어송라이터인 크리스티 무어는 그의 음악사를 이 펍에서 써 내려갔다고 해도 과언이 아니다. 1960년대 말부터 듀오를 결성해 만남과 헤어짐을 반복해 오다가 '플랭스티'와 '보씨 밴드'의 멤버로 활약하기도 했다. 그는 아일랜드의 전통 음악부터 대중음악까지 섭렵하며 아일랜드에서 폭발적인 인기를 끌었다.

거장의 탄생

바다 건너 멀리에서 왔다고 직원은 내게 오도노휴의 엽서를 선물로 주었다. 작정하고 더블린을 여행하는 사람치고 이곳을 모르는 이도 드물 것이다. 그만큼 음악가의 성지일 뿐만 아니라 전통을 잇는 펍으로도 유명하다. 그가 준 엽서 속 장소에 내가 있다고 생각하니 마음이 퍽 설레었다. 지금 이 순간을 잊지 않기 위해 나는 마음을 담아 편지를 썼다.

그러고는 바람을 쐬러 비어 가든으로 나갔다. 많은 인파와 공연으로 펍의 열기는 이미 후끈 올라 있었다. 비가 그친 뒤 맑아진 공기는 설탕처럼 달게 느껴졌다. 각 테이블을 비추는 히터도 있어서 얇은 가디건을 입고도 야외를 즐기기에 무리가 없었다.

열린 문틈 사이로 희미한 노래 소리가 들려왔다. 불현듯 아이리시 음악이 많은 사랑을 받아 온 까닭을 알 것 같았다. 그들의 기량이 온전히 발휘될 수 있는 비옥한 토양, 펍이 있었기 때문이다. 젊은 아마추어와도 무대를 함께 나누는 펍에서, 약한 묘목이 아름드리한 거목으로 자라났다.

음악가들의 성지이자 전설이 된 이곳, 오도노휴에서 매일 밤 9시 공연이 기다려지는 이유다. 아마추어를 유심히 '보는 맛'과 더불어, 실력은 어느 전문가 못지않아 '듣는 맛'까지 더해진다. 오도노휴 펍은 오늘날에도 훌륭한 아이리시 음악가들을 길러내는 옥토로 있다. 거목을 키운 건, 팔 할이 펍이다.

글렌달로그 산책,
Casey's Bar & Bistro

Glendalough, Co. Wicklow

더블린에 며칠을 머물 기회가 생겼다면 글렌달로그(Glendalough) 투어를 추천한다. 기네스 호수로 알려진 타이 호수(Lough Tay), 영화 〈P.S. I Love you〉로 유명한 다리, 유럽의 10대 정원 파워스코트 정원(Powerscourt Gardens) 그리고 글렌달로그를 함께 돌아보는 'Wicklow 1 day tour'가 인기다.

더블린에서 약 1시간 정도밖에 걸리지 않지만, 이내 숨이 멎을 듯한 거대한 자연을 마주할 수 있기 때문이다.

글렌달로그는 '두 개 호수의 골짜기'라는 의미다. 울창한 숲 가운데 정갈하게 난 도보를 따라가다 보면 글렌달로그의 의미대로 로워 호수(Lower Lake)와 어퍼 호수(Upper Lake)가 나타난다. 호수를 찾아가는 길도 아름답지만 마침내 도착한 어퍼 호수는 넋을 놓고 바라보게 된다.

　자연경관과 더불어 글렌달로그가 유명한 이유는 고대 수도원이 여전히 자리를 지키고 있기 때문이다. 6세기 세인트 케빈(St Kevin)이 설립한 수도원은 바이킹의 침략에도 나날이 번성해 왔다. 교황은, 이곳을 일곱 번 방문하는 것은 로마를 한 번 방문하는 것과 같다고 했다. 종교 유적지로서 순례자들의 발걸음이 끊이지 않는다.

위스키&브라운 브래드 아이스크림

　두 개의 호수와 수도원을 천천히 걸어 돌아보는 데에 약 2시간이 걸린다. 수도원 뒤편의 입구와 연결되어 있는 캐시 바 앤 비스트로(Casey's Bar & Bistro)에서 휴식을 갖는 것도 좋다. 글렌달로그 호텔(The Glendalough Hotel)의 1층에 바가 위치해 있다. 고급스러우면서도 가격 면에서 부담이 없다. 펍에서 직접 만든 스콘과 머핀이 인기가 많다. 도보 후, 디저트가 간절했던 우리는 스콘과 함께 'Whiskey & Brown Bread Ice Cream'을 주문했다.

　아이스크림의 달달함이 느껴지면서도 위스키의 향과 맛이 제법 느껴졌다. 소량의 맥주가 첨가된 피시 앤 칩스에서 맥주 맛을 느낄 수 없던 것과 달랐다. 아이스크림이 녹을수록, 위스키의 쓴 맛이 더 진하게 느껴졌다. 거기에 잘게 부수어진 브라운 브래드는 고소함을 더했다. 위스키와 브라운 브래드 아이스크림의 궁합이 꽤 훌륭하다는 사실. 먹고 보면 알 일이다.

브레이의 보석,
The Harbour Bar

1 Strand Rd, Bray, Co. Wicklow

브레이(Bray)는 '아일랜드의 정동진'이라고 불린다. 해변가에서 슬슬 걸어 올라간 브레이 헤드(Bray Head)의 정상은 일출을 보기 위한 최적의 장소다. 끝없이 펼쳐진 바다와 바다가 토해낸 붉은 태양을 보고 있노라면 온몸에 전율이 일어난다.

1950년대, 브레이는 아일랜드와 영국의 유명한 휴양지였기 때문에 브레이 헤드와 해변을 잇는 케이블 카도 운행되었다. 지금은 약 30분 걸리는 단거리 산책로가 케이블 카를 대신한다. 여전히 브레이는 아름다운 산책길, 해변의 고운 모래뿐만 아니라 수족관, 골프장, 볼링장 등 다양한 여가 시설로 사랑받는 더블린의 근교 마을이다.

'론리 플래닛' 선정, 2010년 최고의 펍

1872년에 문을 연 하버 바(Harbour Bar)는
바다와 마주 보고 있으며 항구 쪽에 있다. 이느
날부터인가 하버 바는 백조 가족과 함께 살기
시작했다. '백조에게 먹이주기'가 브레이의 관
광 코스가 되었을 만큼, 펍 주변에는 많은 백조
들이 산다. 뒤뚱뒤뚱 모래 위를 걷는 백조들이
신기하면서도 퍽 사랑스럽다.

오가는 바닷물처럼, 펍에는 항상 사람들이
밀려왔다 또 빠져나간다. 사진을 찍으려는데,
따뜻한 햇살에 한껏 나른해진 고양이를 발견했
다. 녀석은 자동차 천장 위에 올라가 비켜설 생
각을 하지 않았다. 펍에서 일어나는 즐거운 소
란스러움도 귀찮다는 듯이 말이다. 우리를 따
르던 백조 무리와 달리, 녀석은 꽤 도도했다.

최근에 우리가 방문했던 날은 '브레이 재즈
페스티벌(Bray Jazz Festival)' 기간이라, 하
버 바에서도 재즈 공연이 열리고 있었다. 브레
이 재즈 페스티벌은 17년째 이어 오는 재즈 축
제로, 규모는 작지만 '유럽에서 열리는 최고의
재즈 축제'라는 찬사를 받기도 했다. 이 기간에
는 펍을 포함한 브레이 곳곳에서 재즈 공연을
즐길 수 있다.

공연이 열리는 라운지에는 거대한 무스(Moose)의 목이 걸려 있다. 귀여운 사슴이라기보다 너무 거대해서 맹수의 카리스마와 같은 위엄이 서린다. 1965년, 우디 앨런의 영화 〈What's New, Pussycat?〉에 등장했던 영화 소품이다. 우리는 시선을 압도하는 사슴의 뿔을 보며, 무대를 밝히는 적절한 장식이라고 생각했다.

평상시에는 수요일부터 일요일까지 라운지에서 공연이 열린다. 사람들의 환호와 밴드의 기타 소리가 펍을 가득 메운다. 한때는 이곳이 장의사의 작업실이었다는 사실이 지금의 모습과 극명한 대조를 이룬다. 이렇듯 하버 바는 남다른 역사와 풍부한 볼거리, 아름다운 주변 경관 등 매력적인 요소들로 '론리 플래닛'이 선정한 '2010년 최고의 펍'이 되기도 했다.

웩스포드의 아이콘,

Macken's Bar

(The Cape Bar)

Bull Ring, Wexford

웩스포드의 아이콘은 누가 뭐래도 불링(The Bullring)이다. 1621년부터 1770년까지 중세 인기 스포츠였던 '불-베이팅'(Bull-baiting:소곯리기)이 여기에서 행해졌기 때문에 붙여진 이름이다. 1798년, 전국 곳곳에서 민중 봉기가 일어났을 때 불링은 웩스포드의 지붕 없는 군수공장이 되었다.

작은 광장 가운데, 용맹하게 창을 거머쥔 구리 창병(Pikeman) 동상은 웩스포드를 기념하기 위해 제작되었다. 1798년, 영국에 맞선 저항이 가장 격렬했던 타운이었기 때문이다. 작은 승리를 거두기도 했지만, 결국 봉기의 불꽃은 웩스포드의

외곽에서 사그러 들었다. 그러나 자유를 위해 스러져간 청춘들은 영국 정부와 아일랜드 신교도 지배층의 간담을 서늘하게 만들었다.

동상의 제막식이 있던 1905년의 어느 날, 무려 3만 명의 시민이 이곳에 운집했다고 한다. 이후 봉기 200해를 맞은 1998년에는 대통령 메리 매컬리스(Mary McAleese)가 창병을 방문했다. 그녀는 창병 동상 뒤에 자유의 나무를 심고는 그 밑에 타임캡슐을 묻었다. 국가의 안위와 조국의 선열을 기리는 타임캡슐을 품은 볼링은 작지만 묵직한 광장이다.

삶의 의미를 깨닫는 파인트 한 잔

웩스포드의 지난 세월을 돌이켜 보기에 언더테이커(The Undertaker)만큼 좋은 곳이 없다. 맥주 한 잔을 주문하고 유리창 앞에 앉으면 광장이 훤히 보인다. 그러나 문을 열기도 전에 제대로 찾아온 것이 맞는지 의문이 든다. 우리는 아직 이곳에 볼일이 없다며 웃었다. 그러나 괜찮다. '장의사(The Undertaker)'는 누구나 환영한다.

약 60년 동안 한 가문이 3대째 운영해 오고 있는 이곳은 독특한 이력을 지니고 있다. 첫 문을 연 콘 맥켄(Con Macken)은 장의사였는데, 그의 자손들이 여전히 펍을 운영하며 장의 사업을 이어 오고 있는 것이다. 한편에 있던 장의사 작업실은 다른 곳으로 이전했지만, 여전히 펍의 간판에는 '장의사'라는 단어가 함께 표기되어 있다.

장의사는 떠나는 이의 마지막 모습을 배웅하며 그의 저승길을 편안하게 이끄는 사람이다. 그런 그가 내려 주는 파인트 한 잔만으로도, 각박한 세상 속에서 진솔한 삶의 의미를 깨달을 수 있는 좋은 경험이 아닐까 싶다.

에니스코시의 입구,
The Antique Tavern

14 Slaney St, Enniscorthy, Co. Wexford

슬랜니(Slaney) 강 너머, 마을로 통하는 입구 앞에 섰다. INIS CORTHAIDH. 대충 읽어보니 동네는 제대로 찾아온 듯했다. 이는 '에니스코시(Enniscorthy)' 의 게일어 표기였다. 웩스포드에서 약 30분간 버스를 타고 오면서, 에니스코시의 모습을 상상했다. 영화 〈브루클린〉 속에서 보았던 50년대의 에니스코시가 여전히 그곳에 있을까.

철제 게이트가 마을로 통하는 입구라면, 그 앞에 위치한 펍 더 앤티크 타번(The Antique Tavern)은 마을을 지키는 정승 같다. 우리는 2층의 발코니에 올라가, 신고식을 치르듯 경건하게 주변을 둘러보았다. 게이트를 통과해 오르막길을 오르지 않아도 이곳에서는 슬랜니 강이 훤히 내려다보였다.

펍의 강아지가 열렬히 반겨 주는 틈에, 우리는 휩쓸리듯 내부로 들어갔다. 가벼운 술을 찾던 우리에게 주인은 '크로닌 퀄리티 사이다(Cronins Quality Cider)' 를 추천해 주었다. 카운티 케리에서 주조되었지만, 각 병으로의 분배는 웩스포드에서 이루어진다고 덧붙였다. 영화 〈브루클린〉의 영향 탓인지, 나는 사과 향을 음

미하며 사이다의 고향을 떠올렸다. 그의 고향은 나고 자란 케리일까, 새로운 인생을 시작하는 웩스포드일까.

영화 〈브루클린〉

펍의 이름처럼, 내부 곳곳에는 앤티크한 소품이 많았다. 곳곳에 부착된 장식과 어두운 조명은 작은 공간을 더욱 고즈넉하게 만들었다. 그러다 불현듯 아프리카를 거쳐 호주로 편지를 배달하는 옛 우편 서비스 표지판으로 시선이 옮아갔다. 누군가는 표지판을 바라보며 설렘과 그리움이 담긴 엽서 한 통을 고이 부쳤을 것이다.

먼 바다를 흘러간 엽서 한 통은 다시금 영화 〈브루클린〉을 떠올리게 했다. 콜럼 토빈(Colm Toibín, 1955-)의 소설을 영화화한 〈브루클린〉은 아메리칸 드림을 쫓아 배에 올랐던 에니스코시 소녀, 에일리스의 이야기를 담고 있다. 콜럼 토빈

은 그의 고향, 1950년대의 에니스코시에서부터 낯선 도시, 뉴욕의 브루클린까지의 여정과 삶을 서정적으로 그려냈다.

영화는 마을 곳곳에서 촬영되었다. 펍에서 시간을 보내고 마을을 둘러보는데, 여기저기에서 영화 촬영 장소를 둘러보는 여행자들이 보였다. 브루클린에서 돌아온 에일리스를 보듬었듯, 마을은 이방인의 외로움을 누구보다 이해해 주는 듯했다. 낯선 이들이 분주하게 카메라를 눌러대는 와중에도 마을은 여전히 조용하고 평화로웠다.

나 역시 영화를 보면서 아름다운 영상미와 서정적인 스토리에 매료되었었다. 언젠가 이곳에 와 보고 싶다는 바람이 생긴 것은 에일리스에게서 나를 발견했기 때문이었다. 아일랜드 여행이 기약 없이 길어지면서 이방인으로서 외로움이 문득문득 찾아왔다. 에일리스가 그랬듯 우리 모두는 벗어나고 싶은 곳이면서 동시에, 마음속에 못처럼 박힌 고향을 그리워하지 않을까 싶다.

마지막 사이다 한 모금을 삼키며, 마침내 공상 속에서 빠져나왔다. 에일리스가 삶의 고향을 새롭게 선택했듯, 사이다도 그의 행복과 추억이 깃든 곳을 고향이라고 명명할 수 있을 것이다. 영화 〈브루클린〉 그리고 에니스코시는 우리 모두에게 삶이 무엇인지에 대한 질문을 던진다.

킬케니의 마녀사냥,
Kyteler Inn

St Kieran's St, Kilkenny

킬케니(Killkenny)는 '중세 도시'라고 불린다. 많은 역사적 건물들이 여전히 건재해서 높은 곳에서 시내를 바라보면 꼭 시간이 멈춘 잿빛 도시 같다. 그럼에도 킬케니가 우울해 보이지 않는 이유는 곳곳에 자리한 이야기들이 진주처럼 반짝이고 있기 때문이다. 키틀러 인(Kyteler Inn) 역시 까마득한 중세 시대부터 킬케니를 밝히는 진주 같은 펍이다.

13세기, 마을엔 마녀라고 손가락질을 받던 여성이 살고 있었다. '앨리스 키틀러'라는 이름을 가진 그녀는 주술을 부려서 세 명의 전 남편들을 죽였다는 혐의를 받았다. 그녀는 사형을 선고 받고 영국으로 달아났는데, 어떠한 흔적도 없이 사라져 의심을 더했다. 그녀의 사건은 세계 최초의 '마녀사냥'이었다고 전해진다.

그녀는 정말 누구였을까. 펍에서는 지금도 그녀가 살고 있을 것 같은, 조금은 스산한 분위기가 느껴진다. 천천히 주변을 둘러보다가 우리는 그녀로 짐작되는 그림 앞에서 멈춰 섰다. 패디 쇼(Paddy Shaw)라는 미국인 화가가 그린 상상 속 그녀의 초상화였다. 여기에는 신기한 이야기가 숨어 있다.

앨리스 키틀러의 이야기에 감명을 받은 패디 쇼는 앨리스의 고향인 이곳에 그림을 기증했다. 이후, 작가 클레어(Claire)가 앨리스의 이야기를 책으로 펴냈다. 우연히 그림을 보게 된 클레어의 아버지는 소스라치게 놀랐다고 한다. 초상화 속 여인이 책을 집필 중이던 클레어와 놀랍도록 닮았던 것이다.

고향으로 돌아오고 싶어했던 앨리스의 간절한 마법이 통한 걸까. 사람들에 쫓겨 마녀가 된 그녀는 수 세기가 지나서야 초상화로나마 고향에 돌아오게 되었다. 그녀는 아무 말 없이 우리를 응시했다. 무심한 듯, 날카로운 눈길에 서늘해진 우리는 주말 밴드 공연이 한창인 야외로 나갔다. 밴드의 신나는 연주가 킬케니의 조용한 골목으로 울려 퍼졌다.

그럼에도 불구하고 '킬케니 맥주'

일요일의 야심한 밤에도 공연을 즐기러 온 사람들이 많았다. 신선한 공기와 안락한 테이블 그리고 라이브 음악이 흘러나오는 곳에 맥주가 빠질 수 없었다. 우리는 지명을 당당히 내건 '킬케니 맥주(Kilkenny Beer)'를 주문했다. 2013년, 킬케니 양조장은 더블린으로 이전해서 더 이상 킬케니의 물로 만들어진 맥주를 맛볼 수 없다. 그럼에도 불구하고, 킬케니 맥주는 크림처럼 부드럽고 시원했다.

두세 잔을 더 마신 뒤에야 펍을 나섰다. 골목에는 고양이 한 마리의 그림자도 보이지 않았다. 비가 내리기 시작하더니 금세 주변이 음산해졌다. 고이는 웅덩이를 바라보며 그 날, 이 골목을 빠져나갔을 그녀를 생각했다. 그녀는 비록 떠나야 했지만 그녀가 머문 자리, 키틀러 인은 지금 많은 사랑을 받고 있다. 그녀가 덜 외롭기를 바라며, 주인을 잃은 위로 한 줌을 빗속으로 던졌다.

그들의 청춘이 있는 곳,
The Marble City

66 High St, Kilkenny

중세 도시 킬케니의 또 다른 별명은 '대리석 도시(The Marble City)'다. 예로부터 명성이 높았던 킬케니의 대리석은 많은 건물들의 주재료로 사용되었다. 리차드 3세의 무덤 그리고 영국 왕실에도 수출이 되었을 만큼 검은 대리석이 유명했다. 비가 오면 회색 빛의 킬케니가 더욱 선명해지는 이유다.

킬케니에서 많은 사랑을 받는 펍의 이름도 마블 시티 바(The marble City Bar)다. 입구는 두 군데로 엽서에 자주 등장하는 정면은 하이 거리(High Street)에 있다. 또 다른 입구는 키틀러 인의 맞은 편에 위치하는데, 이곳은 티 룸(Tea rooms)과 연결되어 있다. 오늘날 마블 시티 바는 레스토랑, 펍 그리고 카페로서 지역 주민은 물론 많은 여행자들의 발길을 이끌고 있다.

마침 쌀쌀한 날씨에 차 한잔이 간절해진

찰나였다. 내가 가장 좋아하는 당근 케이크와 차 한 잔을 주문했다. 쌉사름한 티에 우유를 살짝 부었다. 어느새 나도 밀크티를 즐기는 아이리시 입맛에 익숙해진 모양이다. 계피 향이 나는 당근 케이크와 따뜻한 밀크티는 일요일 오후에 기분 좋은 나른함을 더해 주었다.

티 룸은 15명 남짓이 앉을 수 있는 아담한 공간이다. 으레 여행자들에게 유명한 곳이면, 주민들을 만나기가 쉽지 않은데 여기저기에서 온화한 킬케니의 억양이 들려왔다. 옆 좌석에서 우연히 이웃을 만나 인사를 건넬 만큼, 마블 시티 바는 오랜 시간 동안 주민들의 사랑을 받아 왔다.

그러나 유례없는 경제 부흥기, 캘틱 타이거(Celtic Tiger)를 거치면서 많은 건물들이 보수되고 뚝딱, 새 건물이 세워졌다. 그 사이 이곳도 많이 바뀌었다. 빨간 문이었던 입구는 검정색으로 칠해졌고 내부 인테리어는 더 화려하고 현대적으로 변모했다.

킬케니가 고향인 리차드의 어머니는 40년 전부터 이 펍을 즐겨 찾았다고 하셨다. 보수를 거치며 많이 달라졌지만, 여전히 좋아할 수밖에 없는 곳이라고 애정을 아끼지 않으셨다. 아쉬움과 추억이 뒤섞인 그녀의 눈에서 빠르게 지나가 버린 청춘이 보였다. 그 시절, 마블 시티 바는 수많은 그와 그녀들의 청춘을 보듬어 주었고, 그 덕에 오늘을 살아가는 빛나는 그들이 있다.

킬케니의 이야기,
Smithwick's Experience Kilkenny

44 Parliament St, Kilkenny

마블 시티 바에서 팔러먼트 거리(Parliament Street)로 내려오면, 스미딕스 익스피리언스 킬케니(Smithwick's Experience Kilkenny)가 있다. '스미딕스'는 기네스와 더불어 많은 사랑을 받고 있는 아일랜드 맥주다. 그리고 킬케니는 스미딕스의 고향이다. 그녀의 고향집을 방문하는 마음으로 스미딕스 익스피리언스를 찾았다.

1710년에 문을 연 스미딕스 양조장은 아일랜드에서 가장 오래된 곳이다. 오랜 역사가 들려주는 킬케니의 이야기만으로도 충분히 방문할 만한 가치가 있다. 투어는 가이드 투어로 진행된다. 가이드 직원 콜름(Colm)이 자신을 스미딕스의 가족이라고 소개했다. 그의 할아버지, 아버지, 삼촌, 이모 그리고 자신에 이르기까지 3대가 이곳에서 일했기 때문이다. 그의 자부심이 남달랐다.

　　전시의 시작은 1200년대로 거슬러 올라갔다. 13세기, 이곳에 있던 세인트 프랜시스 수도원(St. Francis Abbey)에서 수사들이 맥주를 제조했다. 그들이 처음 킬케니에 자리를 잡았을 때, 마실 물이 적당하지 않았는데 마침 석회암 지대를 통과하는 경수는 맥주의 맛을 내기에 제격이었다. 수 세기 동안 수사들에 의해 활발히 맥주가 제조되다가 1537년, 헨리 8세가 가톨릭을 제지하면서 이곳에는 정적만이 흐르게 되었다.

　　잊혀진 듯했던 세인트 프랜시스 수도원와 킬케니는 존 스미딕스(John Smith-wick)에 의해 다시 활기를 띠게 된다. 1710년, 존 스미딕스는 이 터에 양조장을 만들고 지역 경제를 활성화시켰다. 스미딕스 가문은 킬케니의 발전을 이끈 장본인으로서, 꾸준히 지역 주민들의 두터운 신임을 받았다. 특히 네 번이나 킬케니

의 시장으로 당선되기도 한 애드몬드 스미딕스(Edmond Smithwick)는 다니엘 오코넬의 절친한 벗으로서 아일랜드의 독립을 위해 노력했다는 이야기가 전해진다.

투어의 마지막 여정은 스미딕스 한 잔을 제공하는 익스피리언스 바(Experience Bar)다. 매 순간 킬케니의 역사적 현장을 함께해 온 스미딕스는 정렬적인 붉은 빛을 띠고 있다. 흑맥주로 대표되는 스타우트(Stout) 타입보다 보리 향이 덜하지만, 하얀 거품을 뚫고 나오는 구운 보리 향을 옅게 느낄 수 있다.

스미딕스에는 그들만의 전통이 있다. 매일 아침 오전 10시에서 11시 사이에, 아무 소리도 들리지 않는 방에서 온전히 스미딕스의 향과 맛을 느끼는 것이다. 콜름은 몇 천 번은 더 보았을 그림 한 점, 도구 하나 하나를 빛나는 눈빛으로 쳐다보았다. 직원 한 명 한 명의 자부심과 그들이 지켜 오고 있는 깊은 전통이 오늘날의 스미딕스를 있게 하는 것이 아닐까.

음표가 흐르는 밤,
Cleere's

28 Parliament St, Kilkenny, Co. Kilkenny

팔러먼트 거리에는 나란히
늘어선 6개의 펍이 있다. 펍
이 7개이던 시절, 킬케니 사
람들은 요일마다 한 군데씩
들를 수 있다고 농담했다. 펍
이 하나 줄어들었지만, 하루
쯤 쉬고 마시는 것도 괜찮다
는 그들의 농담에 우리는 웃을 수밖에 없었다. 어디로 가야 할지 고민이 된다면,
킬케니식 선택 방법을 따르는 건 어떨까. 고민 없이 펍을 고를 수 있는 데에 킬케
니만의 매력이 있다.

공연을 보고 싶은 날이라면 주저 없이 클리어스(Cleere's)의 문을 두드려 보
자. '극장 펍'이라는 별명을 가지고 있는 이곳은 뛰어난 음악 공연으로 2015년
'IMRO(Irish Music Rights Organization)'에서 수상한 바 있다. 펍의 앞쪽에서

163

는 주로 전통 음악 공연이, 뒤편의 백 스테이지에서는 연극이나 블루스 등 다른 장르의 공연이 펼쳐진다.

월요일에는 21년 동안 같은 밴드가, 수요일에는 조금 더 다양한 뮤지션들의 라인업이 음표의 밤을 이끈다. 얼마 전에는 크리스티 무어 (Christy Moore, 1945-)가 기타를 치며 노래를 불렀는데, 펍 매니저도 그의 정체를 알아채지 못했다고 한다. 뒤늦게서야 알았지만 이미 그는 열정적인 무대를 선사한 후 바람처럼 사라진 뒤였다고.

앞쪽은 누구나 즐길 수 있는 무료 공연인 반면, 백 스테이지의 공연은 유로 관람이다. 홈페이지에서 미리 이벤트를 확인하고 예약할 수 있다. 약 70명 정도 수용이 가능한 이 홀은 원래 돼지 우리였는데 20년 전, 확장 공사를 통해 지금과 같이 무대 공간으로 바뀌게 되었다. 방을 둘러싸고 있는 벽은 약 200년 전에 세워진 것이라고 한다.

하루에 한 군데씩 골라 마시는 펍

흔히 펍에서 볼 수 있는 것은 맥주 회사의 홍보 문구다. 그럼에도 불구하고 스미딕스와 클리어스의 연결고리는 조금 더 특별해 보인다. 뮤지션들이 자유롭게 참여하는 수요일에는 종종 스미딕스 익스피리언스 킬케니 펍 직원들이 무대에 오르기도 한다고. 매니저는 로컬 비어와 더불어 로컬 뮤지션들에 대한 자부심이 대단하다.

지금은 일종의 스미딕스 박물관이 들어서면서 예전과 같지는 않지만, 한때는 스미딕스 양조장이 킬케니의 지역 경제를 이끌어 왔다. 700명의 직원이 일과를 마침과 동시에 길 건너에 있는 펍으로 향했기 때문에, 팔러먼트 거리의 7개 펍들은 늘 호황을 이뤘다. 지금은 스미딕스를 찾는 여행자들이 직원들으 대신해 펍 거리에 활기를 불어넣고 있다.

킬케니에서 '매일 다른 펍을 고르는 재미'는 여전하다. 그들 말대로 하루쯤은 쉬고 마셔도 좋다. 가장 아이리시다운, 킬케니다운 농담에 다시 한 번 미소를 짓는다. 골웨이가 해산물, 코크가 버터라면 킬케니는 주저 없이 맥주다. 고민 없이 펍을 고르고, 고민 없이 맥주를 고를 수 있는 킬케니의 특권을 누리자. 각기 다른 술맛이 궁금해서라도 다시 킬케니에 오고 싶어질 것이다.

펍이 된 은행,
Left Bank

1 The Parade, Kilkenny

노란색과 검은색 줄무늬가 그려진 유니폼을 입은 무리들이 군데군데 펍을 차지
했다. 앙칼진 고양이 줄무늬는 킬케니의 상징이다. 늘 강력한 우승 후보인 킬케니
의 헐링 경기가 있을 때마다, 펍은 '킬케니 고양이'로 가득 찬다. 킬케니 성에서
몇 걸음 떨어진 래프트 뱅크(Left Bank)는 그 몸집이 거대해서, 스포츠 경기나 킬
케니의 각종 축제가 있을 때, 주민들의 모임 장소로 애용된다.

건물은 1870년부터 2007년까지 '아일랜드의 은행(Bank of Ireland)'으로 사
용되었다. 리차드는 어렸을 적, 아버지와 함께 이곳에 들르곤 했다고 회상했다. 주

민들은 킬케니에서 가장 크고 웅장한 이 건물에 자부심을 가졌다고 한다. 큰 건물은 은행의 전통이었지만, 시대가 변하면서 실용성이 우선시되었다. 뱅크 오브 아일랜드는 인근으로 이전했고, 래프트 뱅크 펍이 그 자리를 대신했다.

Left Bank. 간단한 그 이름은 여러 의미를 가지고 있다. 첫 번째, '남겨진 은행'이라는 의미는 해석 그대로이고, '강둑의 왼쪽'은 위치상의 의미를 더했다. 마지막 의미는 프랑스 파리에 있는 'Left Bank Bar'와 같은 이름을 사용한다는 것이다. 고풍스러움이 넘치는 내부는 프랑스 스타일을 표방한다.

인생의 행복

일요일 늦은 오후가 되자, 재즈 공연이 시작되었다. 백조 같은 그녀는 우아한 재즈 선율을 선물했다. 몇몇 사람들이 자신의 파트너에게 손을 내밀고 춤을 요청했다. 그들은 영화의 주인공들처럼 선율에 몸을 맡기고 재즈의 낭만에 빠져들었다. 우리는 감미로운 분위기를 즐기며 모히토(Mojito) 한 잔을 주문했다. 칵테일로 유명한 펍답게, 상큼한 민트 향이 낭만의 깊이를 더해 주었다.

칵테일을 주문하다가 우리는 이곳에서 3대째 일해 오고 있는 바텐더를 만났다. 그는 할아버지부터 자신까지 모두 '은행'에서 일했다고 했다. 아쉽지는 않냐는 우리의 질문에 그는 건물이 행복해 보여서 자신도 행복하다고 대답했다. 불현듯, 자신의 목소리만 메아리로 돌아오는 큰 건물에서 은행은 꽤 외로웠을지도 모르겠다는 생각이 들었다. 날마다 음악 소리와 사람들의 웃음 소리가 끊이지 않는 지금, '은행'은 더 행복할까. 우리의 인생까지도 덤덤히 되돌아 보게 되었다.

킬케니에서 가장 오래된 하우스,
Hole in the Wall

High St, Gardens, Kilkenny

버터 행상이 자리를 지키던 킬케니의 버터 슬립(The Butter Slip)처럼, 펍으로 향하는 골목은 좁고 어둡다. 갈라진 벽 틈 사이사이로 이끼가 보이는 통로는 누가 말해주지 않으면 그냥 지나칠 법하다. 큰 도로에 이렇다 할 간판이 있는 것도 아니라서 우리는 골목을 향해 빼꼼, 고개를 내밀고는 의아해 했다.

의심의 눈초리로 이어진 길을 쫓다가 우리는 탄성을 지르고 말았다. 가장 먼저 마주한 야외 테라스는 시간이 멈춘 작은 고대 도시 같았다. 금방이라도 무너져 내릴 것 같은. 그러나 그 속에서도 이름 모를 꽃이 자라났고, 색이 고운 초록 이끼가 깨진 창문을 덮었다. 우리가 걸어 들어온 골목부터 잠자는 유적지 같은 이곳이, 옛적에는 하나의 큰 하우스였다.

1582년에 지어진 이 건물은 킬케니에서 가장 오래된 하우스다. 놀라운 건, 모든 것이 그 시절 그대로라는 거다. 건물을 지은 아처 가문의 가족들은 2층에, 그들의

하인들은 1층에 기거했다. 1층의 카운터 옆, 움푹 패인 벽의 빈 공간은 난로가 아니라 하인들이 사용하던 화장실이었다고 한다. 카운터의 나무 선반 역시 건물 내에서 자리만 옮겼을 뿐, 5백 년 전의 것을 그대로 사용한다고.

귀족들의 비밀 통로

17세기, 다른 가문이 이 땅을 구입하면서 건물은 매음굴로 사용되기 시작했다. 귀족이나 부자들은 눈에 띄지 않기 위해 뒷골목을 이용했다. 카운터를 지나 야외로 나가면 펍의 이름인 'Hole in the Wall'이 새겨진 벽이 보인다. 이는 다른 이들이 접근하지 못하도록 만든 하나의 암호였다. 지금은 벽이 막혔지만 한때는 많은 귀족들이 뚫린 벽 문턱을 넘나들었다.

세월이 흘러 다른 가문이 이곳을 소유하게 되었을 때도, 건물은 한결같은 모습을 유지했다. 비비(Bibby) 가문의 쌍둥이 자매가 건물 한편에 커튼 가게를 열었다. 카운터의 왼쪽 방으로 들어가면 'BIBBY'라고 새겨진, 어른의 키 높이와 맞먹는 현판이 벽면에 부착되어 있다. 이 밖에도 킬케니에 부대를 두었던 웰링턴 장군이 종종 방문했다는 이야기와, 제임스 조이스가 친구를 보기 위해 종종 놀러 왔다는 등 유명 인사들의 목격담도 끊이지 않는다.

이야기가 실타래처럼 이어지는 곳에는 언제나 사람들이 모이기 마련이다. 홀 인 더 월은 특히 미국과 호주 여행자들에게 인기가 많다. 카운터에 미국 지폐가 걸려 있는 것을 보고, 우리 옆의 미국인이 '달러가 진짜 많네'라며 신기해 했다. 그러자 우리 뒤에서 조용히 맥주를 마시던 아이리시 남자가 대답했다.

"They're like ticks on a cow here."

'여기서는 미국 달러도 무용지물'이라는 '아이리시다운' 농담이다.

Hole in the Wall

아이리시도 반한 고추장 치킨,
Billy Byrnes Bar

39 John Street Lower, Kilkenny

비어 가든은 생각보다 훨씬 넓었다. 데이트를 하는 젊은이들뿐만 아니라 가족 단위도 많이 보였다. 빌리 번스(Billy Byrnes Bar)의 야외 가든을 더욱 돋보이게 하는 건 불라 버스(The Bula Bus)다. 그 앞에 앉아 메뉴를 둘러보던 우리는 반가움에 환호를 질렀다. 가장 인기 있는 메뉴가 '크리스피 & 스파이시 코리안 치킨 윙스'였던 것. 더블린도 아닌 킬케니에서 한국의 흔적을 찾으리라고는 기대도 못 했기에 반가움은 두 배가 되었다.

두말할 필요 없이 치킨을 주문하고, 쉐프에게 물었다. 그는 LA의 한인타운에 갔다가 고추장을 맛본 뒤로 그 맛에 매료되었다고 했다. 주방으로 돌아와서는 그의 요리에 고추장을 사용하기 시작했다고. 손님들이 반응이 너무 좋아 자신도 뿌듯하다고 했다. 우리가 주변을 돌아봤을 때, 대부분의 테이블에서 같은 메뉴를 즐기고 있었다.

한국의 양념치킨과는 다른 매력으로 맛있다. 외국인의 입맛에 맞게 덜 맵고 새콤한 맛이 더하다. 갑자기 리차드가 치킨과 환상의 조합은 맥주가 아니겠냐며 '치맥'을 외쳤다. 이럴 때 보면 나보다 더 한국 사람 같다고 한바탕 웃고는 자리를 찾아 나섰다.

100% 킬케니 맥주, 코스텔로

빌리 번스의 아늑한 내부로 들어갔다. 모두 야외에서 맥주를 마시려는 통에, 안에는 자리가 많았다. 여러 맥주 탭들 중에 1781년에 지어진 킬케니 시청이 그려진 '코스텔로(Costellos)'가 눈에 띄었다. 코스텔로는 2014년부터 100% 아이리시 양조장(Irish Brewary)이 주조하는 '신상' 로컬 맥주다. 오직 6~7군데의 킬케니 펍에만 공급된다.

언젠가 한번 코스텔로를 맛본 적이 있는데, 엷은 캬라멜 향에 반해 좋은 인상을 가지고 있던 참이었다. 더욱이 스미딕스, 킬케니 맥주 등 맥주의 본고장에서 큰 자신감이 없이는 시작하기도 힘들었을 거라고 생각하니 더욱 믿음이 갔다.

붉은색의 코스텔로는 아이리시의 붉게 빛나는 머리카락 같았고, 하얀 거품은 그

들의 창백한 피부색 같았다. 5월의 파란 하늘 아래에서 먹는 고추장이 버무려진 치킨과 코스텔로는 소풍 도시락을 먹는 것처럼 우리의 마음을 한껏 들뜨게 했다.

아일랜드에 머무르면서 변한 것이 있다면 불현듯 얼굴을 드러내는 파란 하늘에 너무나 감사할 줄 알게 되었다는 거다. 먹구름이 낀 날은 고맙고, 비바람이 몰아 치면 순응하고, 그러다가 해가 뜨는 날이면 끝내주는 아이리시 날씨를 즐겨야 한 다. 맛있는 음식과 아름다운 날씨. 사소한 순간이 행복의 전부가 되는 느낌은 생 각보다 정말 멋지다.

킬케니의 복합 엔터테인먼트 건물,
Langtons House

69 John Street, Kilkenny

랭턴 하우스(Langtons House)는 킬케니에서 아이리시의 순수 자본으로 이루어진 사업이 어떻게 번창해 왔는지 잘 보여주는 예다. 70년 전, 펍으로 시작한 랭턴 하우스는 점차 호텔, 극장, 카페, 잡화점 등으로 건물과 사업의 규모를 넓혀갔다. 지금은 명실상부 킬케니에서 가장 큰 복합 엔터테인먼트 건물이다.

우리는 랭턴 하우스와 붙어 있는 브라이디스 바(Bridies Bar)에 입장했다. 전통적인 잡화점을 연상케 하는 아기자기한 소품들이 선반 위에 놓여 있었다. 문을 연 지 5년이 된 브라이디스 바는 랭턴 가문이 운영하는 곳으로 호텔, 극장, 메인 바 등과 연결되어 있다. 우리는 잡화점에서 유기농 당근 주스를 구입한 뒤, 밴드의 공연이 펼쳐지는 메인 바로 넘어왔다.

미로처럼 이어진 펍은 여기저기 찾아가 보는 재미가 있다. 각종 공연 포스터들

을 따라 걸은 복도의 끝에는 빨간 융단이 깔린 웅장한 극장이 있었다. 약 250명을 수용할 수 있는 극장은 유명한 아이리시 건축가, 데이비드 콜린스(David Collins, 1955-2013)가 디자인하였다. 그는 런던, 뉴욕의 유명 브랜드, 레스토랑과의 협업으로 잘 알려진 건축가다.

한쪽의 무대에서 배우들이 인생을 연기한다면, 다른 한편에서는 누군가의 새로운 인생이 시작된다. 랭턴 하우스의 넓은 홀에서는 결혼식이나 생일 파티 등 규모가 큰 가족 행사가 열리기도 한다. 이미 한 차례 행사가 끝났는지 알록달록한 풍선들이 가득 찬, 빈 홀을 지나 야외로 나갔다.

야외 테라스에 놓인 분수대와 유리로 둘러 쌓인 돔은 흡사 작은 궁전 같다. 이들을 고풍스럽게 감싸 안은 야외의 벽은 실제 중세 시대의 벽이다. 아일랜드 정부가 보호하고 있으니 제아무리 현대적인 모습으로 변화하는 랭턴이라도 벽만큼은 손대지 못할 것이다. 과연 잘된 일이었다. 잘 보존된 중세 시대의 벽 덕분에 모든 풍경이 하나의 그림처럼 조화를 이뤘다.

우리는 호텔과 주차장 그리고 다시 테라스로 이어지는 야외를 얼마간 산책했다. 복합 엔터테인먼트 문화 공간에서 모든 것을 즐기는 것도, 어느 하나만 맛보는 것도 좋다. 아일랜드 부흥의 시대인 캘틱 타이거에는 더욱 화려하게, 최근의 경기 침체에는 더욱 단단하게 고공 행진하는 랭턴 하우스의 앞날이 더욱 기대된다.

작은 마을의 기적,
Morrissey's

Main St, Knocknamoe, Abbeyleix, Co. Laois

킬케니에서 차를 타면 약 40분 정도 걸리는 아비릭스(Ab-beyleix) 타운은 대략 2500명의 주민이 거주하는 작은 마을이다. 1861년, 엄청난 부자였던 드 베시(De Vesci) 경이 '대기근'이 휩쓸고 간 아비릭스에 정착해 불모지를 일구기 시작했다. 그는 자신의 대저택뿐만 아니라 학교, 교회, 가게 등 여러 건물들을 세웠고 사람들이 하나 둘씩 다시 마을에 모여들었다.

1775년에 문을 연 모리세이(Morrissey's)는 모든 과정을 지켜보며, 고단했던 아이리시의 삶에 한 줄기의 위로가 되었다. 잡화점으로 시작해 1800년대 후반부터는 지금과 같은 모습으로 인테리어를 단장했다. 옛 정취를 온전히 느낄 수 있는 건 켜켜이 쌓인 세월의 흔적 덕분이다. 펍 안에는 난로도, 자전거도, 수십 년간 모리세이를 찾는 주민도 완성된 퍼즐처럼 한결같다.

우리는 수제 맥주인 'EJ 모리세이'를 주문했다. 펍과 맥주의 이름이 같은 걸 보면, 둘 사이에 어떤 연관성이 있으리라고 짐작했기 때문이다. 그러나 엉뚱하게도, 맥주는 캐나다의 한 양조장이 주조한다고 한다. 또한 고작 1년 전부터 만들어졌다고 하니, 이름이 같다고 해서 맥주에 모리세이의 역사가 담긴 것은 아니었다. 마을에 있던 양조장은 이미 150년 전에 문을 닫았다고.

우리와 함께 잔을 기울였던 셰이머스 씨(62)는 이전 주인이었던 패디 물홀(Paddy Mulhall)을 회상했다. 1934년부터 2004년까지 펍을 지키던 그는 늘 하얀 가운을 입고 손님을 맞았단다. 일생을 펍에서 보내온 패디 물홀은 이야기를 나누는 것을 좋아해, 펍에 음악을 틀지 않았다고. 구석의 큰 선반 위에는 그가 사용했던 배달용 자전거가 놓여 있다.

그를 회상하는 셰이머스 씨의 표정에서 모리세이가 얼마나 많은 사랑을 받아 왔는지 고스란히 느껴졌다. 지금은 새로운 주인이 펍을 인수했지만, 변한 것은 없다. 새로운 것을 더하는 게 아니라, 기존의 것을 지킨다는 철칙은 변함이 없다. 1880년대에 설치된 난로도, 칸칸이 나뉜 잡화점의 선반도 그대로다. 바텐더가 하얀 가운을 입고 손님을 맞는 전통까지도.

액자에는 1850년부터 1986년까지 이곳에서 일했던 사람들의 이름이 적혀 있다. 그들은 모리세이의 전통을 지켜 온 사람들이다. 셰이머스 씨와 더불어 마을 사람들도 모두 모리세이의 주인이다. 150년 전, 황량했던 아비릭스에 드 베시 경이 퍼트린 건, 함께 향유하는 삶이 아니었을까. 민들레 꽃씨처럼 퍼진 그의 정신이 오늘날의 모리세이와 아비릭스를 만든 것이 틀림없다.

유럽에서 가장 오래된 펍,
Sean's Bar

13 Main St, Athlone, Co. Westmeath

아일랜드에서, 아니 유럽에서 가장 오래된 펍은 어디에 있을까. 무려 1000개의 펍이 위치한 더블린이 아니다. 골웨이와 더블린의 중간에 위치한 조용한 타운, 애슬런(Athlone)에 1100년이 넘은 펍이 있다. 션 바(Sean's Bar)는 2004년, 공식적으로 '유럽에서 가장 오래된 펍'으로 기네스 기록에 등재되었다.

905년에 문을 연 션 바의 원래 이름은 루아인 인(Luain's Inn)이다. 루아인은 보트를 이용해 사람들이 섀넌 강을 건너도록 도왔고, 그 돈을 모아 자신의 이름

을 건 숙소 겸 펍을 지었다. 타운의 이름인 애슬런도 그의 게일어 이름인 '루아인
(Luain)'에서 기인했다. 게일어로 'Baile Átha Luain'이었던 이름은 'Luan 나루
의 타운(Town of Luan's ford)'이라는 의미를 가지고 있었다. 영국 사람들이 게
일어를 이해하지 못한 채, 들리는 대로 '애슬런(Athlone)'이라고 불렀고, 그것은
그대로 공식 지명으로 굳어지게 되었다. 애초에 타운의 이름에도 '루아인의 나루'
라는 의미가 포함되었을 만큼, 그는 사람들에게 훌륭한 교통수단을 제공했다. 사
람들은 그의 숙소에 머무르면서 강을 건너고 그의 숙소에서 머무르면서 마을 간
교류를 활발하게 했다. 애슬런은 점차 마을로 번성해 나갔다.

　그는 장사 수완이 뛰어났을 뿐만 아니라, 깊은 지혜를 겸비한 사람이었다. 변변
한 배수 시설이 없던 당시, 그는 자연스럽게 물이 흘러가도록 하기 위해 경사진 바
닥을 설계했다. 아일랜드 정부가 건물을 보호하기 때문에, 여전히 펍의 바닥은 경

사지다. 예전에 비해 기술은 놀랄 만큼 발전했지만, 마음대로 펍을 보수할 수 없다. 대신, 바닥이 미끄럽지 않도록 바닥에는 톱밥이 널려 있다.

1970년, 마지막 보수를 하는 도중에 오래된 벽을 발견했다. 몇 세기 만에 세상에 드러나게 된 벽은 놀랍게도 905년에 지어진 원래의 벽 그대로였다. 켈트 시대 때의 아이리시의 건축양식을 온전히 보여 주는 이 벽은 현재 아일랜드 국립 박물관에 보관되어 있다. 션 바에 전시된 벽은 그 일부다.

션 바는 '세계에서 가장 오래된 펍'으로 등재되기 위해 결과를 기다리고 있다. 기네스 판정단의 조사에 의하면, 이곳은 세계에 현존하는 펍들 중 가장 오래된 펍이다. 그러나 충분한 조사를 거쳐 4년 후에 결과가 나온다고 하니 조금 더 두고 볼 일이다. 물론, 기록과 상관없이 션 바는 다분히 매력적이다. 천 년의 시간이 축적된 펍에는 보석 같은 이야기들이 가득하다.

우리는 기네스와 '션스 스페셜 스타우트(Sean's Special Stout)'를 주문하고는 리차드의 아버지에게 블라인드 테스트를 부탁드렸다. 색깔, 맛 그리고 크림까지 비슷해서 겉으로만 봐서는 어느 것이 진짜 기네스인지 분별하기 어렵다. 역시 '아이리시'답게 기네스를 맞췄지만 두세 번의 시도 끝에 성공했음을 아버지 몰래 밝힌다. 기네스보다 단맛과 신맛이 강한 션스 스페셜 스타우트는 오직 이곳에서만 맛볼 수 있다. 맥주 한 잔과 함께 션 바의 꾸준한 삶을 배워 보는 건 어떨까.

Limerick 리머릭 / Waterford 워터포드 /
Cork 코크 / Kerry 케리 / Clare 클래어

오래된 부둣가를 거닐며,

Munster 먼스터

킹스 섬은 사방이 물줄기로 둘러싸여 있지만 여러 개의 다리가 육지와 연결되어 있다. 나는 매튜 다리 (Mathew Bridge)에서 가만히 섬을 바라보고 있었다. 날마다 섬으로 사람들이 오고 가면서 킹스 섬은 더 이상 섬처럼 보이지 않았다. 그러나 너른 바다에 홀로 떠 있는 외로움 대신, 사람들 속에서 또 다른 고독 을 느끼고 있을지도 모를 일이다.

그 섬에 가고 싶다,
Locke Bar

3 George's Quay, Limerick

사람들 사이에 섬이 있다
그 섬에 가고 싶다.

정현종 시인의 짧은 시 〈섬〉의 구절이다. 대학 시절, 술 한잔을 기울이는 자리에서 분위기에 한껏 취해 나지막이 읊었던 기억이 난다. 그의 속을 희미하게나마 짐작하면서도 그가 그리던 물리적 이상향은 어디일까, 궁금해 했다. 불현듯 옛 추억에 젖은 까닭은 리머릭의 킹스 섬(Kings Island)에 다다랐기 때문이다.

킹스 섬은 사방이 물줄기로 둘러싸여 있지만 여러 개의 다리가 육지와 연결되어 있다. 나는 매튜 다리(Mathew Bridge)에서 가만히 섬을 바라보고 있었다. 날마다 섬으로 사람들이 오고 가면서 킹스 섬은 더 이상 섬처럼 보이지 않았다. 그러나 너른 바다에 홀로 떠 있는 외로움 대신, 사람들 속에서 또 다른 고독을 느끼고 있을지도 모를 일이었다.

브리지 거리(Bridge Street)로 이어지는 매튜 다리의 끝에는 로크 바(Locke

Bar)가 있다. 1846년에 만들어진 이 다리는 리머릭의 존경받는 수사였던 매튜(Mathew)의 이름에서 기인했다. 그는 사람들이 술을 마시는 것을 반대하는 금주 운동을 벌였다. 그런 그가 자신의 이름을 딴 다리 끝에서 로크 바를 본다면 무슨 생각을 할까. 재미있는 우연에 풋, 웃음이 터져 나왔다.

조지 퀘이에 있는 로크 바 앞으로 물줄기가 거세게 흐르고 있었다. 매튜 다리를 지나는 이 애비 강(River Abbey)의 물줄기는 곧 섀넌 강(Shannon River)과 만나 끝없는 항해를 시작한다. 수많은 가지의 물줄기로부터 조력을 받은 섀넌 강은 아일랜드에서 가장 긴 강을 이루며 대서양으로 흘러들어 간다.

The General

아일랜드와 미국 국기가 동시에 휘날리는 로크 바에는 유독 미국인 여행자들이 많다. 리머릭은 존 왕 캐슬(King John's Castle), 세인트 마리 성당(St. Mary's Cathedral) 등 둘러볼 곳이 꽤 있지만 관광 도시로서 이름이 난 곳은 아니기에 그런 풍경이 조금 낯설게 느껴졌다.

우연히 맞은 편에 앉은 미국인 젊은이들과 이야기를 나누다가 새로운 사실을 알게 되었다. 미국 군대가 중동으로 파견되기 전에 섀넌 공항(Shannon airport)에 들러 여러 가지 정비를 마친다고 한다. 그리고 리머릭을 비롯한 등지에서 군인들에게 얼마간의 여가 시간이 주어진다고. 리머릭에 유독 미국인이 많은 이유 중에 하나였다.

기네스 한 모금을 마시며 애비 강을 바라보았다. 그들이 이야기에 귀를 기울이다가 내 시선은 문득 유리창 너머에 있는 한 조각상에 꽂혔다. 장군 형상의 조각상은 전쟁을 반대하는 예술가 빈센트 브라우니(Vincent Browne, 1947-)의 작품, '더 제너럴(The General)'이다. 그는 지시만 내리고 본인은 손끝 하나 모범을 보이지 않은, 즉 입만 떠벌리기 좋아하는 '장군'을 희화화했다.

Treaty City, 리머릭

이곳은 훌륭한 레스토랑으로도 유명
하다. 많은 메뉴들 중에서 리머릭에서
만 맛볼 수 있는 음식을 골랐다. 그래
서 고른 음식은 리머릭 햄으로 만든 샌
드위치와 리머릭의 맥주가 살짝 흩뿌
려진 '트리티 시티 에일 피시 앤 칩스
(Treaty city ale Fish and Chips)' 다.
재료는 모두 리머릭이 원산지다.

평범한 메뉴였지만 그 이름이 시선을 끌었다. 피시 앤 칩스에 소량 첨가된 리머
릭의 수제 맥주 '트리티 시티 에일'은 리머릭의 오랜 별명에서 기인했다. '조약
도시(Treaty City)'라는 별명은 1691년, '리머릭 조약(Treaty of Limerick)'이
후에 붙여졌다.

윌리엄 세력은 보인 강 전투에서 그의 장인인 제임스 2세 세력을 격파했고 이는
영국의 새 시대를 이끌었다. 영국은 프랑스가 넘보는 네덜란드 전선에 집중해야
했고, 아일랜드 전선을 빠르게 마무리 짓고 싶었던 윌리엄은 또 다른 격전의 현장
이었던 리머릭에서 서둘러 휴전 조약을 맺는다.

그들은 조약의 일부를 현재 존 왕 캐슬의 맞은 편에 위치한 트리티 스톤(The
Treaty Stone)에 새겨 넣었다. 아일랜드의 가톨릭 교도들이 보장받기로 되어 있
던 그들의 재산권과 종교적 자유는 얼마 가지 않았고 결국 조약은 산산조각이 났
다. 이후 아일랜드에서는 수세기 동안 신교도의 시대가 펼쳐지게 된다. 이만하면
사실상 리머릭은 '깨진 조약의 도시'가 아닐까.

작은 콘서트장,

Nancy Blakes

19 Upper Denmark St, Co. Limerick

음악을 사랑하는 이라면 꼭 한 번 방문해야 할 곳이 여기에 있다. 리머릭의 주민에게도, 여행자에게도 사랑을 받고 있는 낸시 블레이크(Nancy Blakes)는 작은 콘서트가 쉴 새 없이 펼쳐지는 곳이다. 내가 갔던 날에는 2개의 밴드가 서로 다른 구역에서 열기를 더하고 있었다. 특별한 날인가 싶었더니 7일 내내 음악이 끊이지 않는 곳이라고.

비어 가든은 이미 뜨거운 열기로 달궈져 있었다. 밴드가 노래를 부르자 사람들은 콘서트 장에 온 것처럼 열렬히 환호했다. 이제껏 보아온 펍의 공연들 중에서도 유독 젊은 층이 많아 보였다. 거리낌 없이 자신의 감정을 표현하는 그들의 몸짓은 지금의 이 시간을 온전히 즐기고 있다는 순수한 고백이었다. 청춘의 시간은 계절도 없다더니, 추위는 그저 한 줌인 모양이다.

새집을 구경하듯 펍 구석구석을 탐미하는 것도 잠시 잊었다. 나는 비어 가든에서 한 시간쯤 보내고 안쪽으로 들어왔다. 뜨거운 열기도 마저 채워주지 못한 2%의 아쉬움을 맥주 한 잔으로 채우기 위해서였다. 그런데 또 다시, 주문하는 것도 잊은

채 펍 내부를 관통하는 전통 음악의 선율에 이끌렸다. 여러 악기 중에서도 청명하게 펍을 울리는 소리는 아이리시 악기인 틴 휘슬(Tin Whistle)이었다.

단소처럼 생겼지만 플롯 같은 소리를 내는 틴 휘슬은 단소와 플롯 그 어느 것과도 똑같지 않다. 영국, 스코틀랜드, 미국 등에서도 사용되었지만 아일랜드에서는 전통 민요에 적합한 악기로서 빠르게 보급되었다. '아이리시 휘슬'이라고도 불리는 이 악기는 영화 〈타이타닉〉의 노래 'My Heart Will Go On'의 감미로운 전주 부분에도 등장한다.

아이리시 커피의 시작

나는 문득 '아이리시 커피(Irish Coffee)'의 본고장이 리머릭이라는 사실을 깨달았다. 이미 세계적으로 유명해서 많은 곳에서 맛볼 수 있게 되었지만 본고장이라는 타이틀은 으레 낭만과 감성을 더해 주는 법이다. 아이리시 커피의 맨 위에는 크림이 수북하게 얹혀 있다. 커피의 고소함을 더한 위스키가 크림의 달달함을 뚫고 나오는 순간, 2%의 아쉬움이 100%의 완벽함으로 변하는 마법을 경험한다.

아이리시 커피는 어떻게 리머릭에서 탄생하게 되었을까. 시간은 날씨가 심술 맞던 어느 1943년의 겨울로 거슬러 올라간다. 당시의 포이니스(Foynes)에는 유럽과 미국을 연결하는 기점으로 여객선 터미널(지금의 섀넌 국제 공항)이 있었다. 기상 악화로 뉴욕 행 비행기가 불시착했을 때 그 곳에서 일하던 바텐더 조 셰리단(Joe Sheridan)은 커피에 아이리시 위스키인 파워스(Powers)를 섞었다. 추위와 피로에 지친 승객들이 따뜻해지기를 바라면서 말이다.

이후 미국으로 돌아간 승객들이 하나 둘씩 아이리시 커피를 만들기 시작했고 온몸을 따뜻하게 데워 주는 아이리시 커피는 전 세계인의 입맛까지 사로잡았다. '아이리시 커피'라는 이름으로 불리게 된 데에는 이 같은 일화가 있다. 환상적인 맛에 반한 한 승객이 조 셰리단에게 '이것은 브라질 커피인가요?'라며 물었을 때 그는 단호하게 한마디를 내뱉었다.

"아뇨. 이건 아이리시 커피입니다."

플래너리 가문의 보물,
Michael Flannery's Pub

17 Upper Denmark St, Limerick

마이클 플래너리 펍(Michael Flannery's Pub)은 낸시 블레이크 펍에서 불과 몇 발자국밖에 떨어져 있지 않다. 리머릭에 사는 사람치고 모르는 이가 없을 정도로 널리 알려져 있는 곳이다. 이곳은 원래 비누 공장이었다. 사람들은 비누가 모든 것을 말끔히 씻어버리듯 이곳도 여전히 그 전통을 이어 오고 있다고 농담한다. 위스키(Water of Life)를 마심으로써 온몸이 정화된다면서 말이다.

가벼운 농담 속에도 마이클 플래너리 펍의 자부심이 담겨 있다는 사실을 눈치

챘는지. 이곳은 자신의 이름을 건 위스키를 가지고 있을 뿐만 아니라 서로 다른 100가지 종류의 위스키를 제공하고 있다. 일요일부터 목요일까지 저녁마다 2시간씩 진행되는 특별한 강의에서는 위스키의 맛을 비교 시음해보고 위스키의 역사를 배울 수 있다.

그들의 자부심인 '아이리시 위스키'는 도대체 무엇이 다를까. 3년 이상이 된 나무 통(Cask)에 40%의 알코올이 포함된 아일랜드 산 위스키. 굳이 설명을 하지 않아도 될 만큼 아이리시 위스키는 '위스키 세계'의 대명사가 되었다. 그런 위스키가 100가지 종류에 이른다니, 위스키 팬들의 모험심을 자극하고도 남는 곳이다.

이곳에서는 펍의 주인 '마이클 플래너리'와 이야기를 나누는 것만으로도 위스키의 살아 있는 역사를 배울 수 있다. '통(Cask)'의 형태로 제임슨 위스키와 기네스가 배달되던 시절, 이를 나누는 과정에서 마이클 플래너리의 손길을 거치지 않은 병이 없었다. 그러다가 1960년대 중반, 주류 회사로부터 통의 공급은 중단되었지만 여전히 당시의 통과 병을 볼 수 있다.

위스키를 제대로 마시는 법,
Patrick Flannery's

46 Wickham Street, Limerick, Co. Limerick

인터넷으로 지도를 찾아보니 리머릭 시내에만 '플래너리' 펍이 5개, 외곽에는
1개가 있다. 작은 시내에 대체 무슨 연유일까 싶어서 마이클 플래너리 펍과 가장
가까운 패트릭 플래너리 펍(Patrick Flannery's Pub)을 찾았다. 킬케니의 '머
피(Murphy)' 처럼 플래너리는 리머릭의 일반적인 성(Surname)인 줄 알았는데,
알고 보니 6형제가 각각 하나
씩 펍을 운영하고 있는 거였다.

그러나 이름만 같을 뿐, 펍은
모두 다른 분위기를 가지고 있
다. 1분 남짓 걸리는 거리지만
패트릭 플래너리 펍은 마이클
펍과는 또 다른 매력을 가지고
있다. 마이클 플래너리가 규모
가 크고 주로 여행자에게 많이

알려졌다면 이곳은 주민들, 특히 노신사들의 사랑방 같은 곳이다. 얼굴만 보아도 서로의 기분을 알아채고 깊은 속사정까지 헤아리는 그들에게 펍은 주된 만남의 장소다.

같은 점은 어디에서나 플래너리 가문의 위스키를 맛볼 수 있다는 거다. 그러나 제 아무리 위스키가 뛰어나도 제대로 음미할 줄 모른다면 위스키를 평생 맛보지 못한 것과 같다. 기호에 따라 레몬, 얼음 혹은 음료수를 넣어서 마시는 경우가 있는데 진짜 위스키를 맛보는 방법은 따로 있다. 아무것도 섞지 않은 위스키를 먼저 맛본 후 빨대로 몇 방울의 물을 잔에 떨어뜨리고 마시는 것. 물이 섞이면 본연의 풍부한 향과 맛이 입안에 퍼지기 때문이라고 한다.

시가 흐르는 펍,

The White House

52 O'Connell St, Limerick

리머릭에 'The White House'라니, 미국의 백악관이라도 흉내 낸 걸까. 아일랜드 대통령, 마이클 D 하긴스(Michael D. Higgins)도 이곳에 방문한 적이 있다. 리머릭 출신인 그는 이곳에서 그의 시를 낭독했다. 아일랜드 대통령이 시를 낭독한 화이트 하우스. 속사정을 듣지 않는다면 풀리지 않는 수수께끼 같은 펍이다.

매주 수요일 밤 9시. 이곳에서는 시를 읽는 모임이 시작된다. 모임 한 시간 전. 펍은 한산하다 못해 조용했으며 눈에 띄는 특별한 장식도 없었다. 그러나 시가 흐르는 펍을 상상하니 이야기가 달라졌다. 화이트 하우스 펍의 감춰진 재능이 궁금해진 우리는 차마 더블린 행 마지막 버스에 오를 수 없었다. 그렇게 해서 다시 오게 된 펍이었다.

어느새 하나 둘씩 모이기 시작하더니 삼삼오오 둘러앉은 목소리가 천장을 메웠다. 중절모를 쓴 노신사, 스카프로 멋을 낸 노부인, 이제 갓 스물을 넘긴 대학생, 중년의 가장 등 그들의 나이는 무지개처럼 다양했다. 마음을 차분히 가라앉혀 주는 잉글리시 브렉퍼스트 티를 주문하고 조금 더 기다렸다.

드디어 726번째 축제가 시작되었다. 14년간 매주 수요일마다 빠짐없이 진행된 시 낭독 모임이었다. 뜨거운 열정과 사랑 없이는 불가능한 세월이다. 사회자가 이름을 호명하면 한 명씩 나와서 시를 낭독했다. 어느 수요일에는 마이클 D 하긴스가 맥주를 주문하고 나지막이 그의 시를 낭독했다. 그 날, 대통령은 없었다. 단상도 없이 마이크를 움켜잡은 작은 거인만이 있었을 뿐이다.

그들에게 수요일은 영혼을 정화하는 날이었다. 궂은 아이리시 날씨에도 귀한 옷을 다려 입고 집을 나섰다. 이곳에서 그들은 좋아하는 시 구절을 낭독하기도 하고, 품었던 제 작품들을 수줍게 발표했다. 때로는 그들의 창작소가 되기도 했다. 즉석에서 단어를 제시하고 집을 짓듯 시를 완성했다. 소란스럽지 않았고 그래서 품위가 느껴지는 밤이었다.

문을 닫을 때까지 마법 같은 시간이 이어졌다. 매주 애니스 타운(Ennis Town)에서 30분 정도 차를 타고 온다는 제리는 자신을 '술을 좋아하지 않는 1%의 아이리시'라고 소개했다. 대신 시와 함께하는 티(Tea)는 누구보다 좋아한다는 말에 우리는 함께 웃었다. 언젠가는 나의 습작을 이곳에서 조심스럽게 고백하고 싶다. 이렇게 시를 사랑해 주는 사람들 앞에서라면 없던 용기도 솟아날 게 분명하다.

바이킹의 역사 속으로,
The REG

2 The Mall, Waterford

더블린에서 약 2시간 30분간 버스를 타면 워터포드(Waterford)에 도착한다.
워터포드 시외 버스 정류장은 슈어 강(Suir River)을 바라보는 곳에 있다. 예로부
터 도시는 강을 중심으로 번성해 왔지만 슈어 강은 어느 물결보다도 많은 이야기
를 흘려 보냈을 것이다. 바이킹의 도시, 워터포드로 지금까지 이름을 날리게 된 데
에는 바이킹의 든든한 조력자, 슈어 강이 있었다.

그들은 날렵한 롱보트(Longboat)를 타고 10세기 초에 워터포드에 도착했다. 강을 마주 보고 서 있는 롱보트의 모형 앞에서 화려했던 지난날의 바이킹 족을 떠올렸다. 그들은 아일랜드 남부로의 접근이 쉽도록 이곳에 정착했고 '바이킹 트라이앵글(Viking Triangle)'이라고 불리는 거주지를 형성했다.

바이킹이 처음 터를 잡은 곳에 펍, 더 래그(The REG)가 위치해 있다. 작은 도시라 둘러보는데 먼 걸음을 할 필요도 없지만 특히나 펍은 바이킹 트라이앵글의 중심에 있어서 워터포드를 찾은 누구나 한 번씩 지나치게 된다. 펍의 중심에는 900년 전에 지어진 성벽의 일부가 그대로 남아 있어 바이킹 시대의 분위기를 느낄 수 있다.

역사의 2막, 스트롱보우

펍은 다양한 분위기의 룸으로 구성되어 있다. 티와 케이크를 즐길 수 있는 테라스 카페, 일요일의 브런치를 즐길 수 있는 아담한 룸도 있다. 넓은 무대가 있는 뒤편의 공간은 주말마다 나이트클럽으로 운영된다. 그중에서 가장 인상 깊었던 곳은 '스트롱보우 룸(Strongbow Room)'이다.

아일랜드에서 스트롱보우는 역사의 2막을 열었다고 해도 과언이 아니다. 역사의 수레바퀴는 12세기 초로 거슬러 올라간다. 당시에 아일랜드는 여러 왕국으로 분열되어 혼란을 지속하고 있었다. 그 경쟁에서 추방된 렌스터의 왕 더모트 맥머로(Dermot MacMurrough)는 영국으로 건너가 헨리 2세의 도움으로 빼앗긴 왕좌를 다시 찾고자 했다.

헨리 2세는 훗날 '스트롱보우'로 알려진 리차드 피츠길버트 데 클리어(Richard FitzGrilbert de Clare) 백작을 아일랜드로 파병했고 그는 빠르게 웩스포드와 더블린 시를 점령한 뒤 워터포드까지 점령했다. 성공적으로 안착한 스트롱보

우는 계약에 따라 이곳과 맞닿은 레지널드스 타워에서 맥머로의 딸 이바(Eva)와 결혼식을 올렸다.

그의 결혼식을 묘사한 그림이 스트롱보우 룸의 벽에 걸려 있다. 누군가에게는 평생 잊지 못할 아름다운 결혼식이 아일랜드에서는 수백 년간의 영국의 지배를 불러온 참극의 씨앗이 되었다. 스트롱보우의 세력은 아일랜드에서 빠르게 퍼져나 갔고 이를 두려워했던 헨리 2세는 마침내 1171년, 영국의 군대를 워터포드에 상 륙시킨다.

테라스에서 타워를 만나다

스트롱보우 룸에 한참을 머물던 우리는 테라스로 올라갔다. 레지널드스 타워를 가장 가까이에서 보기 위해서였다. 테라스는 주로 날씨가 따뜻한 날에만 문을 연 다. 이날 날씨가 그랬다. 햇살 한 줌이 비춰 들어 2월의 이른 봄을 알렸다. 하늘이 너무 푸르러서 분위기 있는 실내 조명이 답답하게 느껴졌다.

3가지 수제 맥주를 맛볼 수 있는 수제 맥주 세트를 주문했다. ‘McGargles’는 망고와 자몽의 향이, ‘Equinox’는 오렌지의 향이 그리고 ‘White Gypsy’는 바나나와 바닐라 향이 나는 맥주였다. 맑은 하늘 아래에서 상큼한 과일 향이 두 배가 되었다. 칩스까지 하나 주문하니 이른 점심에 출출했던 배를 알맞게 채워 준다.

타워는 손에 뻗으면 닿을 만한 거리에 있다. 한때는 조폐국의 기능을 담당하고 군용품 저장소였다가 마침내는 감옥이 된 곳. 현재는 ‘바이킹의 검’을 품고 있는 박물관이다. 누군가 워터포드에 침략을 해 온다면 가장 먼저 뚫어야 하는 곳도, 가장 먼저 방어해야 하는 곳도 이곳이다. 따사로운 햇살에 잠시 눈을 감았지만 고집스럽게 단단한 타워의 잔상이 계속 남았다.

아메리칸 드림을 쫓아,
Jordan's American Bar

123 Parade Quay, Waterford

19세기 '감자 대기근(Great Famine)'으로 많은 아이리시들이 미국으로 이민을 갔다. 그래서 지금까지 미국에는 아이리시 펍이 많다. 그런데 왜 이 작은 도시에 '아메리칸 바(American Bar)'가 있을까. 반대로 미국인이 아일랜드에 와서 정착이라도 한 것일까. 펍에 대한 궁금증은 여기에서부터 시작되었다.

조단 아메리칸 바(Jodan's American Bar)는 슈어 강을 바라보고 있다. 숱하게 문턱을 드나들었던 사람들 중에는 선원이나 부둣가에서 일하는 이들이 많았다. 번성한 항구도시로서, 뛰어난 조선업 도시로서 뱃사람들이 많았고, 이들이 목을 축이고 가기에 조단 펍은 슈어 강에서 채 몇 걸음도 되지 않은 곳에 위치했기 때문이다.

우연히 펍 주인의 딸과 이야기를 나누게 되었다. 아이

리시 펍에서 아이리시에게 가장 자연스러운 것을 꼽으라면, 처음 보는 옆 사람에게도 말을 거는 그들의 능청스러움이 아닐까 싶다. 그녀와의 대화도 그렇게 시작되었다. 옆자리에 앉은 검은 머리의 이방인에게 그리고 미국인이라고 생각한 리차드에게 그녀는 말을 걸었다. 아이리시인 리차드가 고향을 소개하기 전까지, 그녀는 펍의 별명대로 잘 찾아왔다고 농담했다.

펍이 문을 열기 전, 이곳에는 원래 런던 앤드 노스 웨스턴 레일웨이 컴퍼니 (London and North Western Railway Company)가 있었다. 사람들은 이곳에서 미국으로 가는 배편 티켓을 구입했는데 펍의 별명이 거기에서 유래했다고 한다. 얼마나 많은 아이리시들이 티켓을 손에 쥐고 아메리칸 드림을 꿈꿨을까.

19세기, 워터포드는 벨파스트에 이어 2번째로 조선업이 번성한 도시였다. 여기에서 만들어진 배로 워터포드의 보석인 크리스탈을 실어 날랐다. 그러나 20세기에 경제 공황의 그림자가 드리워지고, 마침내 21세기에는 많은 공장들이 문을 닫

으면서 화려한 시대는 막을 내리게 되었다. 이곳에 자주 오던 뱃사람들도 약 25년 전부터 발걸음이 뜸해졌다고 그녀는 회상했다.

펍에는 슈어 강을 바라보며 마실 수 있는 테이블, 안쪽으로는 라이브 뮤직을 즐길 수 있는 공간 그리고 다트 판이 있어서 누구나 즐거운 시간을 보낼 수 있다. 그리 넓지 않은, 그렇지만 부족하지도 않은 공간이다. 화려했던 항구도시를 추억하는 누군가는 오늘도 이곳으로 발걸음을 옮길 것이다. 이곳에는 뱃사람들이 실어 온 미지의 세계에 대한 동경과 호기심이 어렴풋하게 남아 있다. 워터포드의 지난 날을 함께 회상하고 싶다면 지나쳐서는 안 될 펍이다.

구름 가듯 쉬어 가는 곳.
Munster Bar

Bailey's New St, Waterford

1800년대, 온갖 물건들이 워터포드로 수입되고 이곳에서 다시 아일랜드의 전역으로 퍼져나가던 시절이 있었다. 많은 뱃사람들이 구름처럼 들르는 도시가 워터포드였다. 그들은 먼스터 바(Munster Bar)에서 지친 피로를 풀고 다시 물결을 거슬러 올라갔다.

먼스터 바는 1800년대 중반부터 술을 팔기 시작했지만 이미 1820년대부터 작은 숙소로 사용되고 있었다. 그러나 선원들의 쉼터였던 항구도시가 불황을 겪자 그들도 함께 자취를 감춰 버렸다. 대신 워터포드에 공연을 온 극장 단원들이 방을 채우기 시작했다. 먼스터 바의 옆으로는 여전히 극장(Theater Royal)이 있다.

점심을 먹기 위해 들른 펍은 이미 사람들로 가득했다. 매일 아침 신선한 생선을 들인다는 주인의 말에 나는 대구 튀김을 주문했다. 메인 메뉴를 정하고, 진열대 앞에서 곁들일 반찬(Side dish)을 고르면 되었다. 선택한 대로 음식을 접시에 담아 주는데 큰 접시는 10유로, 작은 접시는 8유로다.

대구 튀김, 칩스, 볶은 당근, 양고기 등을 담은 접시는 보기에도 푸짐했다. 리

차드에게 '맛있다'는 것 이외에 워터포드와 더블린 대구의 차이를 잘 모르겠다고 했다. 서로 픽 웃는 순간, 우리 주변 사람들 대부분이 같은 메뉴를 먹고 있다는 것을 알아차렸다. 그리고 그들의 이마에 검정 잿가루로 십자가 표식이 그어져 있는 것도.

신기해서 곁눈질을 하는 내게 리차드는 익숙하다는 듯이 말을 이었다. 2월 10일. 오늘은 '재의 수요일(Ash Wednesday)'인데 이날을 기준으로 40일 후에 부활절을 맞게 된단다. 재를 이마에 바르고 죄를 고백하며 예수님의 고난과 역경의 시기를 다시 한번 마음속에 새기는 날이라고. 고기 대신 생선을 먹는 전통이 잘 지켜져 내려 오기 때문에 오늘 이곳은 더욱 붐볐다.

또 하나 눈에 띄었던 것은 장식된 배 모형들과 배에서 사용된 소품들이다. 하나의 배를 분해해서 여기저기에 그 조각들을 걸어 놓은 듯 했다. 덕분에 꼭 선실에 들어와 있는 것 같았다. 홀(Hall)의 테마가 '배'라면 더 오크 룸(The Oak Room)은 어느 학자의 고상한 서재를 옮겨 놓은 것 같았다. 약 200백 년이 된 오크 룸은 변하지 않은 빅토리안 스타일을 자랑하는데, 약 20명 정도가 들어갈 수 있는 공간으로, 파티 룸으로도 사용된다고 한다.

시대의 감성을 담다,
Geoff's

9 John St, Waterford

바이킹 트라이앵글(Viking Triangle) 구역에서 2분 정도 걸었을까. 나는 초록 잎들이 제 안으로 감춰 놓은 작은 건물을 발견했다. 진열장을 둘러보듯 호기심 어린 시선이 1층 유리창 너머에 고정되었다. 적갈색 테이블과 그 위에 놓인 컵 한 잔. 세월을 뚫고 나온 두 피사체는 '그 시대'의 감성을 담고 있었다.

돈을 주고 살 수 없는 것이 세월인데, 오래된 것들은 바로 그 세월을 가지고 있다. 제프(Geoff's)는 앤티크한 분위기로 아날로그 감성을 자극한다. 세월이 삼켜 버린 많은 의미들을 툭, 무심히 던져 주며 기성 세대에게는 추억과 향수를, 젊은 세대에게는 복고 스타일을 느끼게 해 주는 감각적인 펍이다.

카페에서 공부를 하는 것이 젊은이들의 트렌드라면 제프는 트렌디한 펍이다. 다락방처럼 구석 공간이 많은 제프에서는 종종 '열공' 중인 젊은이들을 볼 수 있다. 때로는 각이 제대로 잡힌 모던함보다 군데군데 세월이 새겨진 제프의 복고가 더 멋스럽다는 것을 그들은 아는 걸까. 다양한 세대를 아우르는 것이 제프의 큰 매력이다.

식도락 여행의 출발점

어느 여행에서는 혼 빼놓는 패키지식 스케줄을 경험하고, 어느 여행에서는 느긋이 식도락을 즐긴다. 워터포드는 어느 쪽도 놓치지 않는 완벽한 도시다. 바이킹 트라이앵글 구역에 관광지가 모여있는 덕에, 부지런히 둘러보고 나서도 한 박자의 여유가 생긴다. 제프에서 워터포드 여행의 제 2막, 식도락의 서막을 열어도 좋다.

제프는 분위기뿐 아니라 훌륭한 음식으로도 이미 정평이 나 있다. 다른 펍의 주인이 '배가 고프면 제프에 가고, 술이 고프면 여기에 남으라'는 농담을 했을 정도다. 몇 가지 햄버거 종류와 스튜 등 메뉴는 비교적 단순하다. 채식주의자를 위한 메뉴도 있다. 때로는 너무 많은 것보다 어느 정도 좁혀진 선택지가 편하다는 생각이 문득 들었다.

나는 치킨 버거와 기네스 한 잔을 주문했다. 어느 펍에서나 볼 수 있는 평범한 한 끼 메뉴. 그러나 햄버거는 결코 평범치 않은 '보는 맛'과 '손 맛'을 동시에 갖추고 있었다. 한 입 베어 물기에 적당한 두께와 높이 그리고 두껍지만 부드러운 살코기의 조합은 극상의 만족감을 주었다. 거기에 아삭한 채소와 시큼한 소스는 자칫 넘칠 수 있는 느끼함을 확실하게 잡았다.

슬로우푸드의 붐을 타고 햄버거가 '요리'가 된 지 오래다. 아일랜드의 펍푸드에서도 햄버거는 빠질 수 없는 요리다. 워낙 대중화된 탓에 특별할 것 없는 메뉴지만, 평범한 듯 평범하지 않은 제프의 햄버거를 맛보았다면, 당신의 식도락 여행은 제대로 시작된 셈이다.

수제 맥주의 천국,
Phil Grimes

61 Johnstown, Waterford

필 그라임스 펍(Phil Grimes Pub)은 오후 4시부터 문을 연다. 우린 4시 10분경에 도착했지만 첫 손님의 자리를 놓쳤다. 내가 '벌써부터 술을 마시나'라고 농담하자 리차드가 한마디 거들었다.

"아일랜드잖아."

웃음이 터져 나왔다. 그러나 아일랜드이기에 수긍이 가는 말이다. 아일랜드에서 펍은 맥주만 파는 곳이 아니라 공간과 휴식을 공유하는 곳이다. 맥주를 마시며 토론과 진지한 고민이 오가다가도 실없는 농담에 웃음꽃이 피어난다.

문을 연 지 10분만에 우리는 서너 번째로 입장한 손님이었다. 사실 세 번째이든 서른 번 째이든 상관없지만, 조금이라도 더 빨리 이곳에 오고 싶은 이유가 있다. 필 그라임스 펍은 워터포드에서 제일가는 '수제 맥주 펍'이기 때문이다. 그 종류로도, 그 독특함으로도 소문이 자자한 곳이다.

300종의 수제 맥주는 물론, 양조장에서 숙성을 거친 후 바로 나오는 '캐스크 맥주(Cask Beer)'도 맛볼 수 있는 곳이다. 최선을 다해도 몇 가지 종류의 맥주만 마

실 수 있다는 사실이 몹시 아쉬울 정도로 수제 맥주의 천국은 우리를 들뜨게 했다.

그중 리차드가 꼽은 최고의 맥주는 '윈드 재머(Wind Jammer)' 다. 워터포드의 양조장인 메탈맨(Metalman)에서 만드는 이 맥주는 뉴질랜드산 홉(Hop)을 재료로 한다. 시즈널 맥주(Seasonal Beer)라서 만들어지는 시기와 맛볼 수 있는 시기가 따로 있는데, 맛보기엔 겨울이 적기다.

반면 몸이 으슬으슬 추웠던 나는 '핫 멀드 사이다(Hot Mulled Cider)'를 주문했다. 짙은 오렌지 향에 희미한 알코올 향이 적절히 섞이니 굳었던 몸의 감각이 다시 살아나는 것 같았다. 나로서는 조금 신기한 경험이었다. 뜨거운 알코올이 차 한 잔처럼 몸까지 데워줄 수 있다는 것을 전에는 알지 못했다.

워터 포드의 스포츠 영웅 Phil Grimes

아일랜드 스포츠에 관심이 있는 분이라면 이미 눈치했을지도 모르겠다. 펍의 이름이 아이리시의 유명한 헐러(Hurler)의 이름과 같다는 것을 말이다. 헐링(Hurling)은 아일랜드의 국기(國技)로 3000년 동안이나 아일랜드에서 즐겨온 스포츠이다. 막대기와 공을 이용하는 전통 경기인데 모든 카운티(County)는 고유의 팀을 가지고 있다.

1959년과 1963년, 모든 카운티를 제치고 워터포드가 2번이나 아일랜드 헐링의 왕좌를 거머쥘 수 있었던 저력에는 미드필더였던 필 그라임스(Phil Grimes, 1929-1989)가 있었다. 펍의 이곳저곳에 걸린 사진 속에서 전설이 된 영웅의 지난날이 여전히 빛을 내고 있다. 필 그라임스가 직접 운영해 오던 이 펍은 1989년 그가 운명하면서부터 2000년 새 주인이 인수하기 전까지 그의 가족들이 맡아 왔다.

더블린을 떠나야만 하는 이유

워터포드 악센트가 없는 남자와 외국어로써 영어를 하는 여자의 조합은 누가 봐도 눈에 띄는 조합인 모양이다. 주인은 우리를 단번에 알아채고 호탕하게 말을 걸어왔다. 우리가 더블린에서 왔다고 하자 그는 잘 찾아왔다며 한 번 더 반겨 줬다.

더블린에도, 그 외의 지역에도 펍은 많지만, 상대적으로 더블린 인구가 더 많으므로 아이리시 펍 문화를 여유롭게 향유하기 위해서는 더블린을 떠나야 한다는 그의 재치 있는 논리에 우리는 긍정의 미소를 지었다. 다만 예전에는 약 130개였던 워터포드의 펍이 지금은 경기가 안 좋아 절반 가량으로 줄었다는 말은 영 안타까웠다.

더블린에 있든 워터포드에 있든 간에 이곳은 그 존재 자체로 특별하다. 수제 맥주의 진수와 전설이 된 스포츠 스타의 흔적을 좇는 것은 오직 이곳에서만 가능하기 때문이다. 300개의 수제 맥주의 맛이 궁금해서라도 우리는 두고두고 필 그라임스를 찾아올 것 같다.

오래된 풍경,
Downes

10 Thomas St, Waterford

오래된 것에는 시간의 마디마디가 주름처럼 새겨져 있다. 깊게 패인 주름은 과거가 우리에게 건네는 대화다. 나는 우물 앞에서 그 시절의 워터포드를 생각했다. 듬성듬성 초록 이끼가 우물을 덮었지만 여전히 깊은 저 밑바닥에는 까만 물결이 잔잔하게 빛을 낼 터다. 우물은 누구보다 워터포드의 세월을 기억하고 있다.

어스름에 촛불을 밝히기 시작할 무렵, 골목에는 아이들의 재잘거림이 가득했을 것이다. 정원을 가꾸기 좋아하는 아이리시들은 그때도 꽃 한 송이를 쉬이 지나치지 않았을 테고, 집집마다 준비된 저녁 냄새가 공중을 메웠을 것이다. 그 우물에서 떠온 한 바가지의 물로 스튜를 끓이고, 아이들은 고소한 향을 좇아 제 집으로 바쁘게 돌아가지 않았을까.

나는 다운즈(Downes)의 오래된 우물 앞에서 단상에 빠졌다. 얼마나 오랫동안 여기에 있었을지 짐작조차 되지 않았다. 신기하게도 우물은 펍 안에 있다. 1982년에 바닥을 보수할 때 발견되었다고 한다. 워터포드 사람들의 갈증을 채워 주는 펍과 삶을 이어주는 우물의 조우가 인상 깊다. 그 만남은 우연이 아니라, 필연인 듯하다.

단 하나의 위스키, No. 9

1797년에 문을 연 다운즈 펍은 6대째 같은 가문이 운영해 오고 있는데 그 세월만큼 위스키의 역사도 함께 쌓였다. 초기에 만들어진 10가지 종류의 위스키 중에 오직 No. 9만이 오랫동안 워터포드 사람들의 입과 마음을 즐겁게 해주고 있다.

제임슨 위스키보다 더 부드러운 이 위스키는 깔끔한 맛으로 워터포드에서 많은 사랑을 받아왔다. 헌데 오늘날까지 이 위스키가 살아남은 데에는 또 하나의 재미있는 이유가 있다. 성직자들의 꾸준한 구매 덕분에 위스키의 명백이 유지될 수 있었던 거라고. 성직자들이 맥주나 위스키를 즐기고, 심지어 직접 주조한 아일랜드의 역사는 익히 알려져 있다.

핸드폰 전원을 꺼 두세요

다운즈 펍은 특별한 금기 수칙을 내걸었던 것으로도 유명하다. 핸드폰이 막 대중화되기 시작할 무렵, 전 주인은 펍에서 종종 핸드폰을 보고 있는 손님을 보게 되었다. 그는 핸드폰이 소중한 시간을 망치고 있다고 생각했고 마침내 '긴급상황이 아니면 핸드폰 전원을 꺼두시오(Unless It's a matter of extreme urgency, please switch it off)'라는 금기를 내걸었다.

그의 아들이 운영하는 지금의 펍은 그때와 다르다. 핸드폰은 물론 와이파이도 사용할 수 있다. 스마트폰은 더욱 빨라지고 우리는 수십 개의 네모난 창을 드나들지만 사람들은 고집스러웠던 영감의 따뜻한 잔소리를 그리워하고 있지 않을까. 핸드폰이 생략해 버린 삶의 대화를 이곳에서 찾기를 바라면서 말이다.

여성은 출입 금지,
Thomas Maher

20 O'Connell Street, Waterford

이곳을 알게 된 건 다운즈 펍에서였다. 재미있는 펍이 있다고 꼭 한번 가봐야 한다며 주인이 추천했다. 다운즈에 이어 자신의 위스키를 가지고 있는 워터포드의 두 번째 펍이라는 사실에 우리의 발걸음이 빨라졌다. 그곳에서만 느낄 수 있는 무언가가 있을 거라는 얘기다. '그곳에서만 느낄 수 있는 무언가', 이것이 늘 나를 설레게 하고 또 다른 펍으로 끊임없이 여행을 떠나게 만드는 이유다.

적갈색과 황금색으로 뒤덮인 펍의 정면은 외관상 고풍스러운 분위기를 풍겼다. 정리 정돈이 잘 된 고급 잡화점 같은 느낌이랄까. 그래도 어느 도시에나 한두 개씩 있을 법한 펍이었고 유달리 크지도 않았다. 저 문 안에 진짜 재미있는 사실이 있으리라곤, 발을 들여놓기 전까지 상상도 못했다.

1829년에 문을 연 토마스 마허(Thomas Maher)는 마허 가문이 운영하는 펍이다. 이곳이 워터포드를 넘어 아일랜드 전역에까지 유명해지게 된 이유는 바로 전 주인 톰 마허(Tom Maher)의 역할이 컸다. 77년 동안 펍을 운영해 온 그에게는 절대 깨지지 않을 철칙이 있었다. 그것은 바로 '여성은 출입 금지'!

그가 운영하던 기간 동안 펍 안으로 출입할 수 있었던 유일한 여성은 그의 부인이었다. 그래서 한때, 이곳은 많은 여성단체들의 표적이 되기도 했다. '블랙 레즈비언'이라고 자신들을 지칭한 시위대가 펍 앞에서 '남녀 차별, 인권 평등'을 외치며 시위를 했다. 토마스는 이로 인해 충격을 받아 쓰러지기도 했지만 건강을 회복한 뒤에도 자신의 철칙을 철회하지 않았다.

나는 벽에 걸린 그의 사진을 바라보았다. '스크루지'처럼 사랑과 인정이라곤 없는 심술 가득한 영감을 상상했던 나는 흠칫 놀랄 수밖에 없었다. 선한 눈매와 입가 그리고 한평생 부인을 지극히 사랑한 노신사가 눈을 맞추고 있을 뿐이었다. 그는 여성들이 펍으로 오는 것을 왜 이토록 반대했을까.

그는 생전 '여성은 약하고 술은 강하다'며 '야심한 밤과 짧은 치마는 매우 나쁜 조합'이라고 말했다고 한다. 이런 그의 생각이 '여성은 출입 금지'라는 그만의 경영 철칙의 탄생으로까지 이어진 것이다. 우리가 이야기를 주고받는 동안, 직원은 여자 화장실이 없었기 때문이라며 농담을 던졌다.

2003년, 톰 마허가 죽은 뒤 그의 아들이 이곳을 운영하면서 바야흐로 새 시대가 왔다. 남녀노소 누구나 즐길 수 있는 곳이 되었고 없었던 여자 화장실이 만들어졌다. 지금도 그의 전통이 옳았는지 혹은 과했는지는 모르겠다. 하지만 적어도 그는 내가 생각했던 것처럼 단지 심술 난 영감이 아니었던 게 분명하다. 그의 부인도 남장을 한 채 펍에 들어온 건 아니었을까, 재미있는 상상을 해 본다.

기네스도 출입 금지

이 집이 유명한 이유는 또 하나 있다. 펍의 이름을 내건 자신의 위스키를 가지고 있는 것. 내가 한걸음에 이곳으로 달려온 이유기도 했다. 리차드는 토마스 마허 위스키 한 샷을 맛보고는 금세 좋아했다. 하지만 나는 '진저 와인(Ginger Wine)'을 섞은 토마스 마허 위스키가 더 좋았다. 달콤한 생강 향이 솔솔 느껴져 부담 없이 마실 수 있었기 때문이다.

그러나 더 이상 위스키를 즐길 자신이 없어서 가벼운 기네스 한 잔을 주문했다. 주인은 멋지게 맥주 탭에서 기네스를 내리더니 또 하나의 놀라운 이야기를 들려주었다. 출입이 금지된 이는 여성뿐만이 아니었다고 말이다. 어느 펍에서나 환영을 받는 기네스마저 이곳에서는 찬밥 신세였다고.

수십 년 전, 기네스의 가격이 오르자 그는 다른 펍처럼 가격을 올려야 했다. 그러나 가격을 인상하기 싫었을뿐더러, 기네스의 처사가 합당하다고 생각하지도 않았다. 기네스 사와의 논쟁 끝에 화가 난 그는 더 이상 기네스를 들이지 않았다. 그의 아들이 운영하면서부터 기네스도 발을 들이게 되었단다.

여전히 그는 내게 알쏭달쏭하다. 펍의 주인이면서도 술을 마시는 사람들에게 집에 가서 가정을 돌보라고 격려했고 그의 펍에서 누군가가 술에 진창 취하도록 놔두지도 않았다. 그의 한결같은 고집은 오늘날 워터포드의 주민들에게 잘 알려져 있다. 액자 속에서 톰 마허가 그만 마시라고 등을 떠미는 것 같아서 나는 기분 좋게 펍을 나왔다. 그는 따뜻한 괴짜가 아니었을까?

떠오르는 코크의 샛별,
Rising Sons Brewery

Cornmarket Street, Cork

아무리 이름이 '맥주 공장(Brewery)'이라고 해도 설마 진짜 공장이 들어서 있을 줄은 상상도 못했다. 주문을 받는 카운터 뒤에는 큼지막한 주조 시설이 있었다. 기네스 스토어하우스나 제임슨 위스키 양조장에서도 물론 술을 맛볼 수는 있지만, 별다른 공간에서였다. 주조 시설을 코앞에 두고 맥주를 마실 줄이야. 아일랜드 내 많은 양조장이 다른 국가에 매각되어, 이제는 만나기 힘든 100% 아이리시 맥주를 이곳에서만큼은 마음껏 맛볼 수 있다는 즐거운 신호였다.

즉석에서 구워진 피자와 즉석에서 따라진 맥주의 조합은 한마디로 최고다. 라이징 선즈 양조장에서는 월요일부터 목요일까지 단 10유로에 맥주 한 잔과 한 판의 피자를 맛볼 수 있다. 한국 젊은이들 사이에서도 '피맥'이라는 유행어가 생겨났을 만큼 피자와 맥주의 조합은 치킨과 맥주 못지않게 뛰어나다.

나는 코크의 UCC대학에서 공부하고 있는 사촌 동생을 만났다. 문을 연 지 약 3년도 되지 않았지만 이곳은 이미 코크의 젊은이들 사이에서 인기가 상당한 모양이었다. 그녀는 익숙한 듯 피자를 주문하며, 스포츠 경기가 있는 날이나 주말 저녁

에는 자리가 없어서 오지 못할 정도라고 했다. 12인치에 풍부한 치즈가 녹아 있는 피자는 여자 둘이 먹기 딱 좋은 양이었다.

우리가 갔던 날에는 마침, 대형 스크린에서 아이스하키가 중계되고 있었다. 리차드는 미국의 인기 스포츠인 아이스하키 그리고 피자와 맥주의 조합이 미국에 있는 '아이리시 펍'을 연상시킨다고 웃었다. 그만큼 이곳에선 전통적인 아이리시 펍보다 감각적이고 모던한 분위기의 공간을 느낄 수 있다는 말이다.

Midaza, 맥주 월드컵에서의 결승 진출

무슨 맥주를 마실까 고민하는 것은 언제나 큰 즐거움이다. 코크 시내 곳곳에서는 라이징 선즈 양조장에서 주조된 맥주를 맛볼 수 있으니 조바심을 낼 필요는 없다. 그중 맥주 '미다자(Midaza)'는 '맥주 월드컵'이라고 불리는 'WBC 2015(World Beer Challenge 2015)'에서 메달을 거머쥐기도 했다. 코크 영어의 은어인 'Midaza'는 '진짜 좋다'는 의미다. 다크 초콜릿의 향이 미미하게 느껴지는 이 맥주는 기네스와 비슷하나 훨씬 부드럽다.

바람도 쐴 겸 야외 테이블로 자리를 옮기는데 재미있는 광경이 보였다. 펍 입구에 걸려 있는 대형 연어의 모형은 훈제 연어(Smoked salmon)을 이용해 흡연 구역(Smoking area)을 의미하는 일종의 펀(Pun, 말장난)이다. 내부에 걸린 거대한 하마(Hippopotamus)를 맥주의 주재료인 홉(Hop)을 빌려 'Hop'popotamus'라고 부르는 것도 마찬가지다. 풍부한 재치 속에서 술자리가 더 즐겁다.

경마의 열기,
Sin é

8 Coburg Street, Cork

이곳은 원래 말의 안장을 만드는 곳이었다. 이후 1889년에 펍이 문을 연 뒤에도 여전히 말과 특별한 인연을 유지하고 있다. 매년 3월 영국에서 벌어지는 경마 대회인 '첼트넘 골드 컵(Cheltenham Gold Cup)' 기간에는 평소보다 더 많은 사람들이 신 애(Sin é)로 몰려든다. 우리가 갔던 날에는 경기가 없었지만 다가올 승부를 예측하며 펍은 베팅 열기로 가득 차 있었다.

영국과 아일랜드에서 경마는 국민 스포츠다. 특히 첼트넘 대회 기간에는 평소 베팅을 즐기지 않는 사람이라도 마권을 구매한다. 그 경기에서 많은 아이리시 경주 우승마들이 배출되었으며, 아이리시 마사의 위상을 더해 왔다. 전 국민적인 뜨거운 열기는 경기장을 벗어나 이곳, 펍에서도 계속된다.

이름들이 촘촘히 쓰여 있는 하얀 도화지가 한 쪽 벽면을 가득히 채웠다. 배팅을 원하는 사람들의 이름이다. 그들에게 경마 배팅은 도박이 아니라 모두가 함께 즐기는 축제다. 승부를 떠나서 1분 1초를 다투는 긴장의 순간을 맥주와 함께 즐기는 것이다. 거기에 신 애만의 이벤트가 더해져 즐거움은 배가 된다. 내기에서 이긴 사

람은 위스키나 맥주가 한가득 담긴 우승컵을 차지할 수 있다.

That's it! 그게 다야!

아마도 모두가 눈치 챘듯이, 펍의 이름은 영어가 아니다. 'Sin é'는 게일어로 'That's it'이라는 의미인데, 재미있는 추측성 유래가 전해진다. 인터넷과 유명한 여행 가이드 책에 따르면, 그 이름은 펍의 오른편에 위치한 장례 서비스 회사와 연관이 있다고 한다. '그게 전부야', '다 끝났어'라는 의미가 떠나는 이를 보내는 장례 회사의 입장을 묘하게 대변하고 있는 것이다.

그러나 주인의 말에 따르면 이는 전혀 허무맹랑한 이야기다. 본인도 그럴듯한 해석에 웃음이 나왔다고. 우리 역시 장례 회사와 관련한 말장난인 줄만 알았다. 그도 그럴 것이, 신 애 펍의 좌측에 위치한 또 다른 펍인 '더 코너 하우스(The Corner House)'는 '검시관(Coroner)'을 떠올리게 했기 때문이다. 이 말장난들이 예사로 보이지 않았기 때문에, 우리는 도리어 끝까지 주인의 부정을 의심할 수밖에 없었다.

신 애는 오랜 시간 동안 주민들의 사랑방으로도, 여행자들의 쉼터로도 톡톡히 사랑을 받고 있다. 천장에는 잠시나마 이곳에 발을 디뎠던 여행자들이 보내온 엽서가 가득하다. 본국에 돌아가서도 잊지 못하고 보낸 마음이라고 생각하니 신 애의 숨겨진 매력들이 더욱 궁금해졌다. 이야기를 조금 더 들려 달라는 우리의 보챔에 주인은 한마디를 던지고는 사라졌다.

"That's it!"

Rebel 카운티, 코크의 맥주,
Franciscan Well

14 N Mall, Co. Cork

열여덟. 아일랜드에서 법적으로 술을 마실 수 있는 나이다. 그리고 하나의 펍이 비로소 자신만의 고유한 술맛을 음미할 수 있는 나이이기도 하다. 18년 동안 펍은 약 50가지가 넘는 술을 제조했다. 지금은 계절 한정으로 출시되는 맥주들 외에 6개의 맥주가 정규적으로 제조된다. 펍이 한 잔의 파인트를 들이킨다면, 가장 먼저 무슨 말을 할까.

라이징 선즈 양조장과 마찬가지로 프란체스코 우물(Franciscan Well)은 펍 내에서 양조장을 운영한다. 즉석 피자를 먹을 수 있는 것도 똑 닮았다. 코크뿐만 아니라 영국과 스코틀랜드의 몇몇 펍에서도 프란체스코 우물의 맥주를 맛볼 수 있을 만큼 널리 유명하다. 각지로 뻗어 나간 이 맥주의 원천을 직접 마주하는 것이

나에게 조그마한 감흥을 주었다.

일렬로 늘어선 수제 맥주의 탭 앞에서도 유독 눈길을 끄는 이름이 있다. 각 카운티는 별명을 가지고 있는데 그중 코크는 '반란(Rebel)' 카운티다. 과거, 영국의 지배에 대항하는 크고 작은 봉기의 근거지였기 때문이다. 거기에서 유래한 '레벨 레드(Rebel Red)' 맥주는 코크의 지지 않는 열정을 보여 주는 듯 정렬적인 붉은 색을 띠는 에일 타입의 맥주다.

맥주는 신비한 묘약

프란체스코 우물은 미들턴(Middleton)에 있는 제임슨 위스키 양조장(Jameson Whisky Distillery)과 공동 작업을 진행하기도 한다. 각자가 사용하는 배럴(Barrel, 통)을 서로 주고받음으로써 맥주 향이 나는 위스키, 위스키 향이 나는 맥주가 탄생한다. 이렇게 완성된 제임슨 위스키는 프란체스코 우물의 상표가 함께 부착되어 전 세계로 수출된다. 작은 양조장과 큰 기업 간의 의미 있는 합작이다.

카운터 뒤의 큰 탱크는 쉽게 말해 맥주 저장 창고다. 맥주의 청량감을 더하고 신선함을 유지하는 역할을 한다. 언뜻 보면 이마저도 라이징 선즈 양조장과 비슷한 것 같지만, 사실 맥주의 맛도, 펍의 분위기도 조금씩 다르다. 물론 펍의 이름처럼 정숙한 분위기일 것 같다는 생각은 오산. 라이징 선즈 양조장 못지않게 젊고 '핫'하다.

펍의 이름은 1219년 뒤뜰에 가려진 우물에서 기인했다. 원래 이 터에는 프란체스코 수도원이 있었는데, 수사들은 우물의 물이 신비한 치유 능력을 가지고 있다고 믿었다. 비록 이 우물 물을 사용하지는 않지만 지금 이곳에서 만들어지는 맥주는 곳곳에서 큰 사랑을 받고 있다. 보수를 통해 우물이 곧 대중에게 개방될 예정이라고. 불현듯, 사람들의 시름을 달래 주기도 하고 기쁜 일에는 기쁨을 더해 주기도 하는 맥주는, 어쩌면 진짜 신비의 묘약일지도 모르겠다는 생각이 들었다.

펍이 된 약국,
Arthur Mayne's

7 Pembroke St, Cork

어떤 향기는 무의식 속에 잠재해 있던 기억을 끄집어내기도 한다. 그럴 때 향기는 과거와 오늘을 잇는 기억의 징검다리가 된다. 지금은 전혀 다른 장소가 되었지만 과거의 그림자와 오늘의 향기가 구름처럼 함께 머무는 곳이 있다. 팸브로크 거리에 위치한 아서 마인스(Arthur Mayne's)가 그렇다.

언뜻 보면 먼지가 케케묵은 잡화점 같았다. 주소가 맞는지 한 번 더 확인하고는 문을 열었다. 얼마나 오랫동안 그 자리에 있었는지 빛이 바랜 물건들이 유리 전시장에 가지런히 진열되어 있었다. 향수와 각종 크림, 글자가 희미해진 빈 약병들을

보며, 언젠가 사람들의 삶을 부드럽게 보듬던 공간이었음을 알아차렸다.

펍의 전신은 120년 동안 삼대에 걸쳐 운영되었던 약국이다. 위층에서 약을 제조했고, 따로 안전하게 약품을 보관하는 저장 장소도 있었다. 펍은 2012년에 문을 열었지만, 곳곳의 진열장에는 예전의 약품들이 그대로 전시되어 있다. 카운터 주변의 진열장에서는 특별한 기록 일지도 확인할 수 있다.

작은 조명이 조심스럽게 비추고 있는 기록 일지에서 숫자 '6/9'가 눈에 띄었다. '6실링(Shillings) 9펜스(Pence)'라는 의미로 지금은 더 이상 사용하지 않는 화폐단위다. 약방의 늙은 주인이었는지, 그의 어린 아들이었는지는 모르지만 어떤 약품을 사고 팔았는지 세심하게 기록해 놓은 정성이 왠지 뭉클했다.

분위기를 느끼고 싶은 날, 와인 바

펍은 예전의 이름에서 '약국(Pharmacy)'이란 단어만 지운 이름을 사용한다. 예전의 약국이 약을 비롯한 온갖 만물로 유명했다면, 새롭게 단장한 펍은 와인 바로 명성이 높다. 수많은 와인 앞에서 무엇을 고를지 망설이는 것도 값진 시간이다. 자신이 없다면 직원에게 추천을 받는 것도 좋은 방법.

와인은 신기한 매력이 있다. 우아한 곡선에 미끄러지듯이 담긴 이 액체를 우리는 눈으로, 코로 그리고 입으로도 즐길 수 있다. 와인과 어색한 우리조차도 와인잔에 담긴 매끄러운 유혹에 매료되었을 정도니, 조금이라도 와인에 관심이 있는

이라면 이곳에 꼭 들러야 한다.

와인에 한 번 취하고 분위기에 두 번 취하는 곳은 펍의 암실(Dark room)이다. 약국의 한편에 자리를 잡은 암실은 흑백사진의 인화 작업이 이뤄지던 곳이라고 한다. 다른 곳보다 조명이 한 단계 더 어두워, 여전히 암실 같은 특별한 분위기와 함께 와인을 한 모금 들이킬 수도, 전시된 옛 필름 카메라들을 둘러볼 수도 있다.

와인과 어울리는 암실이 있는가 하면, 톡 쏘는 맥주 한잔이 경쾌한 야외 정원이 있다. 야외 정원은 펍을 더 크레인 레인 극장(The Crane Lane Theatre)과 이어주는데, 날씨가 제법 선선한 날, 맥주를 즐기기에 딱이다. 오고 가는 건배 소리에 날이 저무는 것도 잊게 된다.

잉글리시 마켓에서 나오는 길에,
The Mutton Lane

3 Mutton Lane, Cork

이 골목은 잉글리시 마켓(English Market)에서 거래되는 양(羊)을 운송했던 통로였다. 양이 지나가는 골목이면서 잉글리시 마켓의 입구였다. 19세기 후반, 개신교 단체가 설립한 잉글리시 마켓은 원래 부유한 개신교도들이 이용했지만 지금은 누구나 드나드는 코크의 대표적인 재래시장이다. 우리는 좁은 골목을 빠져나가다 말고 다시 되돌아왔다.

더 머튼 레인 인(The Mutton Lane Inn). 골목 가운데에서 펍을 유심히 살폈다. 펍의 이름은 골목의 역사를 반영한 듯했다. 굳이 찾으려고 하지 않는다면 큰 길에서는 쉽게 입구를 발견하지 못할 것이다. 펍은 마치 소란스러운 거리로부터 도망치기 위해 골목으로 숨어든 것 같았다. 그럼에도 불구하고 이곳을 찾아오는 이들이 있는 것을 보면, 펍은 숨바꼭질에는 영 재주가 없는 모양이다.

문을 열고 입장하는 순간, 펍은 어미의 날개처럼 모든 이들을 따뜻하게 품어 준다. 나이가 지긋한 고동색 나무 테이블과, 미세하지만 주위를 밝히는 촛불만으로도 눈이 편안하다. 골목 깊숙이 파고든 탓에 볕이 잘 들지 않지만 이마저도 이 펍

이 가지고 있는 장점이다. 지친 일상에서 벗어나고 싶을 때 언제든지 그 날개를 벌려 품을 내어줄 것 같다.

우리는 '코크 드라이 진(Cork Dry Gin)'을 주문했다. 코크에 왔으니 색다른 뭔가를 주문해 보자는 생각이었는데 절반은 맞고 절반은 틀린 생각이었다. 1793년부터 만들어지기 시작한 코크 드라이 진은 아일랜드에서 가장 많이 팔리는 진이라 다른 지역에서도 쉽게 구할 수 있기 때문이다.

겨울이 가고 봄이 온다

겨울이 가고 봄이 오듯이 펍도 한차례의 격랑을 겪고서야 비로소 평화를 맞았다. 1922년, 아일랜드 내전(Irish Civil War)이 일어났을 때 이곳에는 작은 파란이 일었다. 아일랜드 내전은 영국의 지배하에 아일랜드의 자치를 인정하자는 세력과 완전한 독립을 이뤄야 한다는 세력 간의 전쟁이었다. 찬성 세력과 반대 세력으로 펍의 공간은 절반으로 나뉘었다.

그러다가 서서히 눈이 녹고 봄이 왔다. 잉글리시 마켓에서 일하던 이들이 퇴근길에 들려 위스키를 주문한 뒤, 마저 마시지 않고 자리를 뜨고는 했다. 자리를 정리하고 뒤늦게 나올 후배들을 위해 위스키를 남겨 놓은 것이다. 서로의 정치 성향을 따지지 않는 선후배간의 훈훈한 정은 마치 관습처럼 반복되었고 그들의 미담은 이 골목에 향기처럼 퍼져 나갔다.

패트릭 거리의 단 하나의 펍,
Le Chateau Bar

93 St Patrick's St, Cork

더블린의 중심 거리가 오코넬 거리(O'Connell Street)라면 코크에는 세인트 패트릭 거리(Saint Patrick Street)가 있다. 온갖 가게들로 화려하게 수놓아진 거리에서 유독 리 샤토 바(Le Chateau Bar)가 한눈에 띈다. 수를 셀 수도 없이 많은 사람들이 이 펍을 다녀갔을 거라는 확신이 들었다. 유동 인구가 가장 많은 거리이거니와, 그 거리에서 볼 수 있는 단 하나의 펍이기 때문이다.

건물은 1700년대에 지어졌지만, 펍이 문을 연 것은 1900년대 초반이다. 3대째 한 가족이 운영해 오고 있는데 가업에 대한 자부심이 남다르다. 이곳에는 원래 운

하가 흘렀고, 건물은 보트를 거래하는 장소로 쓰였다고 한다. 바다와 만나는 어귀에 위치해 조수의 영향을 받았던 탓에 썰물과 밀물의 변화에 따라 1층을 간헐적으로 사용할 수 있었다. 입구 주변에 계단이 있는 이유다.

여기에 운하가 흘렀을 줄은 상상도 못했다. 이미 수 백 년 전에 사라진 물줄기는 도시의 구조와 사람들의 삶을 송두리째 바꿔 놓았다. 보트가 오가던 물길에 지금은 야외 테라스가 있다. 볕이 좋은 날에는 어김없이 붐비는 곳이다. 한 모금의 여유를 즐기며, 물이 넘실거렸을 보행자 거리를 상상해 본다.

달달한 한잔, 베일리스 아이리시 크림

달달한 한잔이 그리울 때, 커피나 아이리시 커피 이외에도 몇 개의 선택권이 더 있다. 그 중 야외 테라스와 가장 잘 어울리는 술은 '베일리스 아이리시 크림(Baileys Irish Cream)'이다. 아이리시 위스키와 크림을 섞은 이 술은 달콤한 캬라멜의 맛과 향이 느껴지면서도 씁쓰름한 뒷맛이 있다. 그러나 맛있다고 홀짝 마시다가는 금세 취한다는 사실. 17%의 알코올을 함유하고 있다.

베일리스 아이리시 크림은 커피 향이 나는 아이리시 커피와 비슷한 듯하면서도 다르다. 불시착한 승객들을 달래기 위해 우연히 탄생한 아이리시 커피는 바텐더가 즉석에서 제조한다. 그러나 베일리스 아이리시 크림은 아일랜드 주류 회사가 처음부터 국제 시장을 겨냥해 만들었으며, 제조 과정에서 이미 재료들이 혼합되어 펍으로 공급된다.

테라스에서 바깥공기를 음미하다 보면, 저 멀리 에코 보이즈(Echo Boys)의 동상이 보인다. 코크 시내 곳곳에서 신문 〈더 이브닝 에코(The Evening Echo)〉를 팔았던 어린 소년들을 '에코 보이즈'라고 불렀다. 2분의 1페니에 신문을 팔았는데 그들은 하루에 12,000이나 되는 부수를 책임졌다고 한다. 오후의 나른함을 깨고 활력을 불어넣었을 에코 보이즈들의 음성이 귓가에 들리는 듯하다.

코크를 여행하는 방법,
Bodega

St Peter's Market, Cornmarket St, Cork

펍의 천장은 스튜디오 촬영장에 온 것처럼 높고 넓다. 천장에 매달린 여러 조명들이 내부를 환하게 밝힌다. 하지만 펍을 빛내는 것은 조명도, 높은 천장도 아니다. 곳곳에 걸린 걸작들이 펍의 세련된 분위기를 더욱 돋운다. 이곳은 펍이기도 하면서, 실제로 작품을 사고 팔 수 있는 아트 갤러리다. JB 예이츠 같은 유명 작가부터 젊은 아마추어 예술가의 작품까지 한 번에 둘러볼 수 있다.

주말의 펍은 나이트클럽으로 또 한차례 변신한다. 인기로 보나, 규모로 보나 코크에서 가장 큰 나이트클럽이다. 1층은 레스토랑이고 2층에서 DJ가 활동한다. 아일랜드에서도 우리나라와 같이 ID 검사를 하기 때문에 여권이나 GNIB 카드(아일랜드에서 장기간 머무르고 있다면) 같은 신분증을 꼭 지참해야 한다.

푸드 펍으로 유명한 만큼, 입구에서부터 맛있는 냄새가 허기를 자극했다. 우리는 '오늘의 메뉴'인 '양고기 토마토 파스타'를 주문했다. 앙증맞은 미니 바게트를 얹은 파스타 접시는 순식간에 비워졌다. 직원의 말에 따르면 모든 재료는 잉글리시 마켓에서 온다고 한다.

코크의 잉글리시 마켓이 신교도들을 위한 장터였다면, 세인트 피터 마켓(St. Peter's Market)은 구교도들의 장터였다. 대부분이 구교도들이었던 아이리시는 저렴한 장터인 세인트 피터 마켓을 이용했다. 지금의 보데가(Bodega)에서 세인트 피터 마켓이 열렸다. 펍의 외관에는 여전히 마켓의 이름이 남아 있어 향수를 자극한다.

보데가처럼 코크의 몇몇 펍은 수많은 예술가들의 안식처이면서 풍부한 역사를 가지고 있다. 이들을 통틀어 '코크 헤리티지 펍스(Cork Heritage pubs)'라고 부르는데, 인터넷 사이트www.corkheritagepubs.com에서 보다 자세한 정보를 확인할 수 있다. 코크를 여행하는 가장 좋은 방법은 유산처럼 곳곳에 자리한 펍의 흔적을 따라가는 것이 아닐까 싶다.

코크의 뜨거운 밤,

The Oliver Plunkett

116 Oliver Plunkett St, Co. Cork

문을 연 지는 채 5년도 되지 않았지만 코크에서 이곳은 이미 '뜨거운' 장소다. '가스트로 펍', '위스키 펍', '스포츠 펍', '나이트클럽' 등 실로 다양한 타이틀을 가지고 있다. 머물던 호스텔에서도, UCC 대학생도, 인포메이션 센터에서도 코크의 문화를 느끼고 싶다면 이곳이 제격이라며 추천해 주었다. 끊임없는 이벤트와 맛있는 펍 푸드로 단번에 코크 주민들의 마음을 사로잡았다.

우리가 방문했던 그 날은 1916 부활절 봉기 기념일을 며칠 앞두지 않은 날이었다. 벽면과 천장 여기저기에 아일랜드 삼색기와 독립 선언문의 복사본이 휘날리

고 있었다. 관심 있게 들여다보던 내게 지나가던 직원은, 1916 부활절 봉기의 100
해를 맞아 작사 경합, 토론, 음악 공연 등 어느 년도보다 더욱 성대한 이벤트를 준
비하고 있다고 했다.

특별한 날, 특별한 이벤트가 아니더라도 펍은 언제나 축제 분위기다. 펍 로고
에 기타가 함께 그려져 있는 것만 봐도 음악이 끊이지 않는다는 것을 짐작케 한
다. 밤이 되면, 1층과 2층의 작은 무대에서는 밴드들의 연주 소리가, 객석에서는
열띤 호응이 들려온다. 코크의 화려한 밤 문화를 즐기고 싶다면, 올리버 플렁킷을
찾아가면 된다.

700년 만에 새롭게 탄생한 아이리시 성인, 올리버 플렁킷

코크는 특색 있는 악센트를 가지고 있기로 유명하다. 아이리시조차도 코크 사
람과 대화를 나눌 때는 주의를 기울여야 할 만큼 악센트가 강하다. 우리의 메뉴를
주문받던 직원은 리차드에게 몇 번이고 확인했다. 우리나라로 치면 대전과 부산
사람의 대화라고나 할까. 더블리너의 악센트도 알아듣기 힘든 내게 코크 영어는
또 다른 언어처럼 들렸다.

우리는 '전기구이 통닭(Rotisserie
Chicken)'과 '고구마 프라이(Sweet
Potato Fries)'를 주문했다. 어렸을 때
고속도로에서 가끔 사먹곤 하던 큼지막
한 통구이가 떠올랐기 때문이다. 양은
그것보다 적지만 바삭한 껍질에 도톰한
속살이 향수를 달래주기에 충분했다. 바
삭한 튀김에 달달한 속살을 숨기고 있던

고구마 프라이도 먹을 만했다.

펍의 이름은 펍이 위치한 세인트 올리버 플렁킷 거리(Oliver Plunkett Street)에서 기인했다. 올리버 플렁킷(Oliver Plunkett, 1625-1681)은 드로이다의 세인트 피터스 교회(St. Peter's Church)에 잠들어 있는 위대한 성인이다. 그는 가톨릭을 배척하는 영국의 압박에도 끊임없이 구교의 가르침을 설파하려고 노력했다. 1970년, 교황 바오로 6세가 그를 시성하면서 700년 만에 새롭게 탄생한 아이리시 성인이 되었다.

자연스럽게, 순리대로,
The Old Thatch

Killeagh, Co Cork

코크의 버스 정류장(Parnell place bus station)에서 킬리어(Killeagh)로 향하는 버스 티켓을 살 수 있다. 시간당 1대가 운영되며 왕복 티켓 가격은 약 15유로다. 30분 거리를 감안한다면 꽤 비싼 가격이다. 평온한 시골 풍경을 잠시 감상하다 보면 외곽 마을인 킬리어에 도착한다. 한적한 시골 마을을 바쁘게 오고 가는 이들은 더 올드 대치(The Old Thatch)와 조우하기 위한 여행자들이다.

우리는 제 나이보다 어려 보이는 사람의 얼굴을 '동안'이라고 한다. 아일랜드의 많은 펍들은 동안이다. 아무리 고풍스러운 분위기를 가지고 있다 해도, 수백 년의

세월을 짐작하기란 쉬운 일이 아니
다. 그러나 드디어 제 나이처럼 보
이는 펍을 만났다. 더 올드 대치는
한눈에 보기에도 오래된 세월을 겹
겹이 지고 있었다.

간혹 머리숱이나 옷차림이 얼굴
의 나이를 좌우하듯, 펍이 제 나이로 보이는 것은 지붕 덕이다. 멀리서 볼 땐 얇은
볏단인 줄 알았는데 가까이에서 보니 제법 단단한 갈대들이 촘촘히 엮인 모양을
하고 있었다. 아일랜드의 비바람을 맞고 자라나 그 인내도 보통이 아니다. 한번 엮
인 갈대들은 물 한 방울을 쉽사리 통과시키지 않는다.

물론 끊임없는 관리가 지금의 모습을 유지하는 비결이다. 지붕은 30년마다 새
것으로 교체되고, 건물 곳곳이 보수된다. 워낙 불에 취약한 소재라 항상 조심해야
하는데, 실제로 1970년에는 한바탕 불이나 크게 보수를 해야 했다고 한다. 그럼에
도 여전히 제 나이를 간직한 펍을 보며 아름답다는 생각이 들었다. 세월을 거스르
지 않고 순리에 맡길 때 사람도 펍도 가장 눈부신 법이다.

풍경이 디저트가 되는 곳

1867년, 영국의 지배에 대항하는 봉기가 아일랜드 곳곳에서 일어났다. 그 무렵,
펍의 주인이었던 존 콘웨이(John Conway)가 펍의 면허를 갱신하기 위해 관공서
에 들렀다가 거절을 당한 일이 있었다. 펍에 반역자들을 숨겨 주며 그들의 모의
를 지지했다는 게 그 이유였다. 그러자 존 콘웨이는 미련 없이 뒤돌아 나왔다. 이
미 그 전부터 200년이나 면허를 가지고 있었으니 문제될 것이 없다면서 말이다.

일화에서 알 수 있는 것은 불공정한 영국의 대우에도 불구하고 침착했던 존 콘

웨이의 호걸 같은 면모와, 수백 년이 된 펍의 오랜 역사다. 펍은 1667년에 문을 열었다. 1700년대 초부터는 한 가문이 펍을 경영해 왔는데, 가문의 가보인 물레가 아직까지도 전시되어 있어 눈길을 끈다.

펍에서 충분한 시간을 보냈다면 펍의 맞은 편에 있는 킬리어 교회(Killeagh Church)를 둘러보는 것은 어떨까. 3-4m쯤 되는 주목 나무들이 궁전의 앞뜰처럼 정돈되어 있다. 백 년은 되어야만 원래의 제 키만큼 자란다는 주목 나무는 이미 그 자리에 몇 십 년 동안 뿌리를 내리고 선 모양이었다. 고즈넉한 정원을 둘러보는 것이 이곳에서 맛볼 수 있는 최고의 디저트다.

'아이리시'를 아시나요,
O'Flaherty's Bar

Bridge St, Dingle, Co. Kerry

아일랜드에서 가장 멋진 곳을 꼽으라면, 다들 케리(Kerry) 카운티를 추천한다. 크고 작은 능선들이 주름처럼 쌓인 자연 경관을 보고 있노라면, 몇 시간이고 시간이 가는 줄도 모른다. 며칠이 걸려도 부족한 드라이브 코스로도 유명하다. 그중 딩글 반도(Dingle Peninsula)는 대서양으로 가장 멀리 뻗어 나온 아일랜드의 최남서부 지점이다. 대서양을 향해 튀어나온 딩글 반도를 두고 주민들은 '(딩글 반도의) 다음 교회는 보스턴에 있다'고 농담한다.

특히 딩글 반도에는 아일랜드 정부에서 정한 '겔탁트(Gaeltacht) 지역'이 있다. 게일어 사용 구역을 보호하기 위해 문화 계승 차원에서 지정한 겔탁트 지역은 골웨이 쪽 서부와 남부인 딩글 반도에 있다. 이곳에서는 음악이나 언어 등 아이리시의 전통 문화를 쉽게 접할 수 있다.

우리가 방문했던 오플라어티 바(O'Flaherty's Bar)는 게일어를 계승하는 아이리시 전통 펍이다. 많은 손님들이 게일어를 사용하는 것은 물론, 직원들도 유창하게 게일어를 구사한다. 아이리시가 '아이리시(게일어)'를 할 줄 아는 것이 특별한 까닭은 전체 인구의 약 15%만이 아이리시를 구사할 수 있기 때문이다. 영국의 오랜 지배를 받으면서 게일어는 점차 잊어져 갔다.

딩글의 렌스 데이(Wren's Day)

언어는 민족의 정체성을 상징한다. 게일어가 강한 구역에서는 아이리시 문화가 잘 보존되어 있다. 아이리시 문화를 대표하는 아이리시 전통 음악은 캐리와 딩글에서 꽃을 피운다. 오플라어티 바에서는 펍의 주인인 퍼거스가 음악을 연주하는데, 혼자서 많은 악기들은 훌륭히 다루기 때문에 '1인 밴드'라고도 불린다. 그는 밴드 '딩글 파이프 앤드 드럼(Dingle Fife and Drum)'의 멤버이기도 한데, '세인트 패트릭의 날'에는 온 멤버가 딩글 타운을 행진하는 퍼레이드를 펼친다. 작년에는 주민과 여행자 등, 무려 400명이 밴드를 따라 행진했다고 한다.

1년 중 하루, '렌스 데이(Wren's Day)'라고 불리는 중요한 날이 또 있다. 성탄절이 하루

지난 '세인트 스티븐스 데이(St. Stephen's Day)' 때에 굴뚝새를 사냥하던 전통에서 비롯되었다.

　무려 4000년 전부터 시작된 렌스 데이는 토속 신앙 그리고 켈틱 문화와 밀접한 연관이 있다. 아이리시는 굴뚝새가 행운을 가져다준다고 믿었고, 사냥은 지나가는 한 해와 작별하고 새로운 한 해를 맞는 의식이었다. 아일랜드 곳곳에서 축제가 펼쳐지는데 특히 딩글의 렌스 데이가 유명하다.

　사람들은 가짜 새를 막대기에 끼운 뒤, 볏짚으로 엮은 모자와 옷을 두르고 동네를 행진한다. 카운티 케리를 상징하는 초록색과 금색으로 치장한 밴드는 오플라어티 바에서부터 앞장서서 행진을 시작한다. 펍의 카운터에 전시된 볏짚 모자는 렌스 데이에 착용하는 모자다. 그 모자가 걸린 기둥은 카운티 케리를 항해하던 선박에서 가져왔다고.

쾌락과 순수의 갈림길,
Dick Mack's Pub

Greene Street, Dingle, Co. Kerry

딩글 타운에서 딕 맥스 펍(Dick Mack's Pub)을 찾는 가장 쉬운 방법은 무엇일까. 펍은 세인트 마리 교회(St. Mary's Church)의 맞은편에 있다. 그렇다면 세인트 마리 교회를 찾는 가장 쉬운 방법은 무엇일까. 세인트 마리 교회는 딕 맥스 펍의 맞은편에 있다. 좁은 골목을 사이에 두고 나란히 마주한 교회와 펍은 쌍둥이처럼 함께 언급된다.

이곳을 두고 전해지는 재밌는 이야기가 있다. 많은 남편들이 부인을 교회에 내려 주고 주차장을 찾는다는 핑계로 돌아다니다가 결국에는 펍에서 시간을 보낸다는 것. 창문 너머로 슬쩍 목사님을 보고는, 그날의 설교를 아는 체하

며 말이다. 우리는 쾌락과 순수의 갈림길에서 신이 우리를 시험에 들게 한 것은 아닐까, 하고 우스갯소리를 했다.

어찌됐건, 펍을 택한 이들은 펍에서 영혼을 정화시킨다. 펍은 1899년에 문을 연 뒤로 거의 변하지 않았다. 식료 잡화점으로 첫 문을 연 할아버지부터 가죽 신발 가게를 겸한 아버지에 이어 올리브 맥도넬(Olive MacDonnell)이 3대째 펍을 맡고 있다. 초기의 이름은 'Mac'이었지만, 미관상의 이유로 K가 추가되어 펍의 이름은 'Mack'이 되었다. 여전히 바에서는 날마다 한정된 개수의 가죽 제품이 만들어진다.

할리우드 스타가 다녀간 명예의 거리

1900년대 초에는 맥도넬의 상표가 찍힌 티(Tea)를 팔았다. 지금은 티도, 커피도 없다. 오직 시원한 맥주와 위스키뿐. '순수한 선택권'이 없었던 탓일까. 한 아이리시가 그만 술에 잔뜩 취해 가보처럼 내려오던 벽시계를 떼어갔다. 슬퍼한 주인이 SNS에 글을 올렸고, 그걸 본 그는 미안하다며 며칠 뒤 돌려줬다고 한다. 불행히도 파손되는 바람에, 우리가 갔을 때는 수리 중인 시계를 볼 수 없었다.

애초부터 나쁜 마음을 먹었든, 단순히 술김에 한 실수였든 간에 결국 시계를 돌려 준 것을 보면 그는 펍을 아꼈던 게 분명하다. 그런데 펍을 아끼는 사람은 그 한 명뿐이 아니다. 펍으로 향하는 입구는 일명 '명예의 거리'로 불린다. 바닥에 새겨진 이름들을 보면 남극 탐험가 톰 크린(Tom Crean), 딩글에서 촬영된 영화 〈라

이언의 딸>의 주연 로버트 미첨(Robert Mitchum), 할리우드 스타 줄리아 로버츠 (Julie Roberts) 등 모두가 알 법한 유명 인사들이 수두룩하다. 이들 외에도 딕 맥 스 펍을 소중히 여기는 평범한 딩글 타운 주민들이 얼마나 많을까 싶다. 그들처럼 딕 맥스 펍의 매력에 빠져보는 건 어떨까. 물론 펍이 아무리 좋아도 모든 것은 제 자리에 가만히 둔다는 전제 하에 말이다.

남극 탐험의 영웅시대,
South Pole

Main Street, Annascaul, Co Kerry

19세기 말부터 1917년까지를 '남극 탐험의 영웅시대'라 부른다. 세계열강들은 누가 먼저 남극점에 깃발을 꽂을 것인가, 열띤 경쟁을 벌이며 수많은 탐사선을 보냈다. 우리가 알다시피, 남극점에 최초로 도달한 사람은 노르웨이의 탐험가, 로알 아문센(Roald Amundsen, 1872-1928)이다. 당시 아문센과 영국의 로버트 스코트(Robert F. Scott, 1868-1912) 대령이 남극점 도달을 앞다퉈 시도했고, 둘의 대결로 세계의 매스컴은 달아오를 만큼 달아올랐었다.

1901년, 앳된 탐 크린(Tom Crean)이 스코트 대령이 이끄는 디스커버리(Discovery)호에 승선한 건 우연이었다. 두려움에 승선을 거절했던 한 해군 대신, 입대한 지 얼마 되지 않은 햇병아리 탐 크린이 승선을 자처한 것이다. 디스커버리호는 대영제국의 명예를 걸고 제작된 남극 탐험 전용선이었으나, 어쩐 일인지 항해에는 적합하지 못했다. 설상가상으로 대원들은 설맹과 괴혈병을 경험하며 남극을 목전에 두고 귀환할 수밖에 없었다. 이미 3100마일(4960km) 이상을 탐험한 시점에서 말이다.

1910년, 탐 크린은 테라노바(Terra-Nova)호를 타고 다시 남극으로 떠났다. 배를 베이스캠프에 정박해 둔 채 남극점을 향해 떠났던 그들은 또 다시 목표를 눈앞에 두고 돌아와야 했다. 날씨의 위협과 동료의 부상으로 서둘러 귀환하는 도중, 사지를 오가는 동료 대원을 위해 탐 크린이 50킬로미터를 뛰어가 도움을 요청한 일화는 널리 알려져 있다. 모든 것을 재정비하여 다시 남극점으로 갔을 땐 이미 한 달여 전 노르웨이의 아문센이 깃발을 꽂고 간 뒤였다.

1914년, 탐 크린의 마지막 남극 항해가 시작되었다. 남극점이 아닌, 남극대륙을 횡단하기로 한 것이다. 그러나 인듀어런스(Endurance)호가 유빙에 갇히게 되자, 탐 크린을 포함한 28명의 대원들은 떠다니는 유빙 위에서 6개월을 표류하게 된다. 마침내 도달한 '코끼리 섬'에서 탐 크린은 구명선에 올랐다. 몇몇 대원과 함께 고래잡이 기지에 도착한 그는 칠레 선박과 함께 코끼리 섬으로 되돌아와 나머지 22명의 대원들을 구출했다.

탐 크린의 남극 탐험

탐 크린(Tom Crean, 1877-1938), 그는 케리 출신의 남극 탐험가다. 그가 1927년에 개장한 펍, 사우스 폴(South Pole)이 그의 고향, 아나스카울(Annas-caul)에 있다. 세계가 기억하는 탐험가지만, 펍의 문을 열었을 때만 해도 아무도 그를 알지 못했다. 약 10년간 펍을 운영하면서 그는 누구에게도 눈꽃처럼 빛났던 자신의 과거를 밝히지 않았다. 그러나 오늘날 펍에는 탐 크린과 그의 동료들 그리고 그들의 업적을 두고두고 기억하려는 사람들의 발걸음이 끊이지 않는다. 그 발걸음들 속에서 그의 영혼이 외롭지 않기를 바랐다.

펍으로 향하는 길목의 바닥에는 'DISCOVERY', 'TERRANOVA', 'ENDUR-ANCE'가 새겨져 있다. 탐 크린이 탑승했던 탐사선들의 이름이다. 1901년에 남극을 향해 떠났던 그는 1917년에야 비로소 영원히 돌아올 수 있었다. 분명 '남극 탐험의 영웅시대'를 빛낸 자랑스러운 영웅이었으나, 돌아온 조국에서 결코 자신을 드러내는 법이 없었던 데에는 그럴 수밖에 없었던 그의 안타까운 사연이 숨겨져 있다.

그가 마지막으로 아일랜드는 떠났던 해는 1914년이다. 그는 영군 해군으로서 남극을 향해했고 마침내 영군 해군의 영웅이 되었다. 그러나 그가 돌아왔을 때, 아

일랜드는 영국으로부터 독립한 국가가 되어 있었고, 그런 이유로 그는 과거를 떳떳하게 드러낼 수 없었다. 고향에 돌아와 조용히 펍을 운영하면서 1938년에 생을 마감할 때까지 탐 크린은 이곳을 단 한 번도 떠나지 않았다.

지금은 펍 곳곳에 그의 흔적들이 녹아 있다. 영웅이 황량한 남극에서 맞았던 바람을 간접 체험하는 사운드 장치가 있고, 그의 일생을 다룬 책이 몇 권 놓여 있다. 펍의 이름조차, '남극(South Pole)'이니 그를 기억하기에 이만한 장소도 없다. 쓸쓸했던 영웅, 그러나 화려했던 그의 지난날을 생각하며 건배를 외친다.

作家의 作業室,

John B Keane Pub

37 William St, Listowel, Co Kerry

존 비 킨(John B Keane) 펍은 단지 펍만이 아니다. 아일랜드의 극작가, 존 비 킨(1928-2002)의 작업실이기도 하다. 아이리시의 토착성을 작품에 담아낸 존 비 킨은 이곳을 운영하며 그의 걸작들을 완성했다. 그의 사후, 펍을 맡고 있는 그의 아들 빌리(Billy)는 '아버지는 마지막 손님이 떠나는 순간부터 새벽 네 시까지 글을 쓰곤 했다'고 회상했다.

벽면에는 영화 〈들판(The Field)〉의 포스터가 부착되어 있었다. 아이리시에게 '땅'은 자연 이상의 특별한 의미를 갖는다. 인간이 평생을 일궈 가는 땅, 죽음 이

후에도 다시 돌아가는 땅은 인생을 관통하는 하나의 단어다. 아이리시와 땅의 관계를 다룬 그의 극작품 〈들판〉은 영화로도 상영되었다.

이밖에도 그는 〈사이브(Sive)〉, 〈빅 매기(Big Maggie)〉를 통해 희곡의 대가로 우뚝 섰고, 큰 명성을 얻었다. 이곳에서 주옥같은 작품들이 탄생했다고 생각하니, 영광스러운 마음이 맥주의 청량감과 함께 우리를 가득 채웠다.

그는 펍에서 많은 사람들과 이야기 나누기를 즐겼다고 한다. 펍은 온갖 희로애락과 삼라만상을 간접 경험할 수 있는 최적의 장소였다. 날마다 마지막 손님이 펍을 떠나는 순간, 그는 새로운 세계를 창조해 내기 시작했다. 영업이 끝나 고요한 펍 안에는 손님들에게서 영감을 받아 생명력을 부여받은 활자 속 캐릭터들이 넘실넘실 춤을 췄다.

뛰어난 만담꾼

오후 2시면, 펍의 하루가 시작된다. 문을 열자마자 약속이나 한 듯이, 손님들이 밀려왔다. 빌리는 아버지 못지않은 뛰어난 만담꾼이다. 그는 사람들 앞에서 우스운 이야기를 시작했고, 손님들은 모두 그를 바라보고, 그의 이야기에 귀를 기울였다. 순전히 빌리와 함께하기 위해 이 많은 사람들이 맥주를 비워 내고 있는 것은 아닐까, 하고 우리는 생각했다. 빌리는 신문에 칼럼을 기고하며, 아버지처럼 작가로서의 삶을 이어오고 있다.

존 비 킨 펍은 작가의 발자취를 밟거나, 작가를 기념하는 더블린의 어느 문학 펍보다도 더 '문학 펍' 같았다. 펍은 작가의 작업실이면서, 동시에 독자들의 문학적

감수성을 충전시켜 주는 곳이고, 주민들의 일상을 이어 가는 곳이다. 빌리는 '아버지의 영혼은 영원히 이곳을 떠나지 못할 것'이라고 농담했다. 존 비 킨에게 자식 같은 작품들이 탄생한 작업실은 그의 전부였을 터다. 펍의 한편에서는 존 비 킨의 책들을 구입할 수 있다.

뮤지션의 이상향,
Gus O'Connor's Pub

Clare Coast, Co. Clare

모허 절벽(Cliffs of Moher) 인근에는 여러 마을들이 있다. 그중, 모허 절벽에서 가장 가까운 곳은 둘린(Doolin)이다. 애런 제도(Aran Islands)와 모허 절벽의 크루즈 투어를 이용하기 위해서는 둘린의 선착장에서 승선해야 한다. 여행자들이 잠시 거쳐 가는 것 말고는 특별할 것 없는 조용한 마을이 몇 년 전부터 신기한 일을 겪었다고 한다.

어느 순간부터 둘린은 아일랜드는 물론 유럽의 전역에서 모여든 뮤지션들의 이상향이 된 것이다. 집도, 상점도 몇 채 없는 이곳에서 그들은 어떤 영감을 받았던

걸까. 모허 절벽에 부딪친 파도가 메아리로 되돌아올 때마다 영혼의 갈증도 해소
되었던 것이었을까, 하고 짐작만 해 볼 뿐이다.

사실, 둘린은 예부터 뮤지션과 깊은 관계가 있다. 몇 년 전부터 다시 주목을 받
는 것이 새삼스러울 뿐, 둘린은 여러 뮤지션들의 고향이자 전통 음악의 본고장이
다. 대표적으로 60, 70년대 미국에서 아이리시 뮤지션으로 유명했던 '러셀 브라더
스(Russell Brothers)'가 있다. 순회공연에 반한 수많은 미국 팬들이 러셀 브라더
스의 음악이 시작된 둘린을 찾는다.

둘린이 유명해진 이유

1832년에 문을 연 구스 오코너 펍(Gus O'Connor's Pub)에는 얼마나 많은 미
국인 여행자가 다녀갔는지, 그들이 엽서처럼 남겨 놓은 달러가 가득 전시되어 있
다. 매년 2월의 마지막 주에는 '러셀 브라더스 페스티벌'이 열리는데 구스 오코너
펍은 지자체와 함께 행사를 주최한다. 이밖에도 펍 자체적으로 많은 음악 행사들
을 열어 뮤지션들의 고향, 둘린의 자부심을 이어 오고 있다.

둘린이 낳은 세계적인 밴드가 또 있다. '케일리 밴드(Ceili Band)'는 둘린을 포
함하는 카운티 클레어에서 형성되었다. 그들은 신나는 댄스곡을 주로 연주했는데,
50~60년대에 미국에서 일어난 '포크송 부흥 운동'의 영향으로 덩달아 주목을 받

았다. 아이리시 전통 음악은 미국의 포크송과 맥락을 같이 하기 때문에, 많은 미국인들이 뮤지션의 고향인 클레어를 찾았다. 아이리시 언어와 문화가 강한 지역인 클레어에서 아이리시 음악이 강세를 보인 것은 자연스러운 일이었다.

우리가 갔을 때도 구스 오코너 펍에서는 어김없이 신나는 음악이 들려왔다. 50년 전만 해도, 펍이 아니라 댄스홀에서 아이리시 전통 음악을 들을 수 있었다고 한다. 우리는 가볍게 몸을 흔들며, 음악의 본고장이 주는 낭만을 만끽했다.

아일랜드는 악기(하프)를 국장(國章)으로 삼는 유일한 국가다. 오랜 영국의 지배에도 아이리시는 음악을 통해 자신들의 정체성을 잃지 않았다. 전통 음악의 심장, 민족의 정체성이 깃든 둘린에서 로컬 뮤지션들의 공연을 감상해 보는 건 어떨까. 눈앞에서 연주하는 그들이 내일의 둘린의 명성을 이어 갈 주인공들이다.

옛 시인의 노래를 쫓아,

Connacht 코노트

따뜻한 벽난로가 그리워진 나는 펍 안으로 들어갔다. 그런데 문을 열자마자 들리는 피아노 선율은 나로 하여금 문을 등진 채 한동안 그 자리에 가만히 서 있게 하였다. 감미로운 소리는 모자를 쓴 노신사의 손 끝에서 피어나고 있었다. 역동적인 오후를 맞고 있는 외부와, 피아노 소리만이 펍을 울리는 내부는 문 하나를 사이에 둔 전혀 다른 세계였다.

'왕의 머리'는 누가 베었을까,

The Kings Head

15 High St, Galway, Co. Galway

윌리엄 거리(William Street)를 따라 처치 야드 거리(Church Yard Street)까지 내려오면 갈림길이 보인다. 하이 거리(High Street)로 이어지는 좌측으로 3층으로 된 건물, 더 킹스 헤드(The Kings Head) 펍이 있다. 2층 유리창 너머에는 잘린 머리들이 매섭게 노려보고 있다. '왕의 머리'. 이 대담한 별명의 주인공은 누굴까.

펍이 문을 연 지는 불과 스무 해 중반. 그러나 건물은 800년 동안이나 이곳에 있었다. 지금은 키를 나란히 하는 건물들이 즐비하지만 한때는 골웨이 시내에서 가장 높은 건물들 중에 하나였다. 비교적 골웨이 시내를 상세히 묘사한 1600년대 지도에서도 단연 돋보인다. 다른 건물들보다 몇 척은 더 키가 컸던 까닭에 그 날 밤, 골웨이로 숨어 들어온 낯선 남자를 가장 먼저 발견했을지도 모른다.

전설에 따르면 1649년, 영국 찰스 1세의 목을 벤 남자가 하이 거리의 뒷골목에 살았다고 한다. 보복이 두려웠던 그는 런던에서부터 골웨이까지 쫓기듯 도망쳐 왔다. 그리고 그가 린치 시장의 뒤를 이어 펍의 주인이 된 피터 스터버스 대령(Col.

Peter Stubbers)이라는 소문이 골웨이 시내에 퍼지기 시작했다. 발 없는 소문은 밤마다 골웨이를 배회했다.

가문 결합의 증표, 메리지 스톤

13세기부터 16세기까지 골웨이에는 유럽과의 무역을 통해 번성한 14개 가문이 있었다. 부를 축적한 그들은 정치, 경제, 사회 등 다방면에서 주도권을 쟁취하였다. 가문들은 때때로 결혼을 통해 자신들의 결속을 다졌고 이를 통해 세력을 더욱 넓혀 나갔다. 그중 가장 강력했던 가문은 린치 가문으로서, 이 건물도 한때는 골웨이 시장인 토마스 린치(Thomas Lynch)의 보금자리였다.

400년이 된 벽난로는 오늘도 여전히 타는 불빛으로 나그네들을 맞고 있다. 벽난로의 상단에 가문들의 문장(紋章)이 새겨진 메리지 스톤(Marriage Stone)이 있다. 이는 당시에 유력했던 Bodkin, Martin 그리고 French 가문들의 문장으로, 가문 결합의 증표인 셈이다. 이 외에도 400년이 된 2층의 창가 등 역사적인 장소들

이 많다. '살아 있는 역사 박물관'의 면모 외에 킹스 헤드는 가스트로 펍으로도 유명하다. 나는 이름도 대담한 '킹 찰스 버거(King Charles Burger)'를 주문했다.

킹스 헤드 펍은 밤마다 끊이지 않는 전통 음악이나 코미디 공연들로 뜨겁다. 그러나 각종 운동 경기가 있는 날에는, 한낮에도 역시 밤과 같은 열기를 느낄 수 있다. 대형 스크린이 있기 때문에 다 같이 맥주를 마시며 경기를 시청하기에 좋다. 우리도 사람들 틈으로 비집고 들어가 축구를 보았다. 풍부한 역사에 감흥이 없는 누군가라 해도 킹스 헤드 펍의 다채로운 매력에 매료될 것이다.

골웨이의 여정을 시작하는 곳,

Tigh Neachtain's

17 Cross Street, Galway

Tigh Neachtain's은 크로스 거리(Cross Street)와 키 거리(Quay Street)가 만나는 지점에 있다. 각기 다른 방향을 가리키는 이정표가 경쟁하듯 세워져 있는 것만 봐도 이곳이 골웨이 시내의 중심인 것을 알아차릴 수 있다. 어디로 가야 할지 망설여진다면, 잠시 펍에서 목을 축이고 여정을 시작하는 것을 어떨까.

아직은 조금 쌀쌀한 이른 봄 날씨임에도 야외 테라스는 만석이다. 구름 한 조각만이 이정표 끝자락에 걸렸을 만큼 맑은 날이었다. 모두들 부지런히 고개를 움직인다. 가장 분주한 거리를 채우는 분주한 사람들을 보고 있는 모양이었다. 하기야 사람 구경만큼 재미난 것도 없으니.

따뜻한 벽난로가 그리워진 나는 펍 안으로 들어갔다. 그런데 문을 열자마자 들리는 피아노 선율은 나로 하여금 문을 등진 채 한동안 그 자리에 가만히 서 있게 하였다. 감미로운 소리는 모자를 쓴 노신사의 손끝에서 피어나고 있었다. 역동적인 오후를 맞고 있는 외부와, 피아노 소리만이 펍을 울리는 내부는 문 하나를 사이에 둔 전혀 다른 세계였다.

누구나 와서 연주할 수 있는 전자 피아노 때문에 그는 이따금씩 이 펍에 들린다고 했다. 맥주 한 잔을 얻으면 이보다 더한 값이 어디 있겠냐는 그의 말에는 소박한 진심이 묻어 있었다. 그의 연주 실력만큼은 결코 소박하지 않았지만 말이다. 연주가 끝날 때까지 우리 모두는 그의 선율에 눈과 귀를 맡겼다.

골웨지안의 쉼터

Tigh Neachtain's는 약 120년 동안 골웨이의 중심을 지켜온 펍이다. 마음까지 녹여 주는 벽난로, 방문객을 포근하게 감싸 주는 아늑한 스너그, 그리고 선율과 나누는 무언의 대화가 골웨지안(Galwegians)을 사로잡았다. 한때는 영국의 미움을 받기도 했지만 주민들의 사랑 덕에 오늘날까지 펍은 자리를 보존할 수 있었다.

영어 같기도 하지만 영어가 아닌 펍의 이름은 게일어로 쓰였다. 게일어 성(Surname)인 '나크테인(Neachtain)'의 펍이라는 의미다. 민족의 정체성을 말살시키고자 했던 영국에게 아이리시어로 쓰인 펍은 늘 눈엣가시였다. 아일랜드 독립 전쟁(Irish War of Independence) 기간에 영군 군은 펍을 향해 총을 쏘기도 했다. 아마 이 건물의 주인이었던 리차드 마틴(Richard Martin)이 보고 기겁했을 일이다. 유명한 정치가이자 동물 권리 협회의 수장이었던 리차드 마틴은 '휴머니티 딕(Humanity Dick)'으로 더 잘 알려져 있다.

Tigh Neachtain's은 '위스키 트레일러'로 인증 받은 골웨이의 11개의 펍 중에 하나로, 유산처럼 남겨진 위스키의 참맛을 느껴 봐도 좋을 곳이다.

오이스터를 제대로 즐기는 법,
The Quay

11 Quay St, Galway

해마다 9월, '골웨이 인터내셔널 오이스터 & 씨푸드 페스티벌(Galway International Oyster & Seafood Festival)'이 열린다. 1954년에 시작된 축제는 아일랜드에서 '세인트 패트릭의 날' 다음으로 규모가 큰 축제로 자리 잡았다. 가장 많은 굴을 깐 자를 선정하는 '굴 까기 월드 챔피언십(World Oyster Shucking Championships)' 같은 이색 이벤트도 열린다.

이렇듯 해산물로 유명한 도시, 골웨이에서는 어느 펍에서든 뛰어난 해산물 메

뉴를 맛볼 수 있다. 그중에서도 이곳은 해산물 요리의 본가로 불릴 만큼, 명성이 높은 곳이다. 단, 주의해서 발음하자. 'The Quay'는 '더 퀘이'가 아니라 '더 키'다.

노을이 질 때쯤, 식당들이 즐비한 키 거리(Quay Street)에는 고소한 냄새가 흐른다. 키 거리를 지나가기만 해도 갑자기 허기가 지는 이

278

유다. 그중, 거리 이름과 같은 펍, 더 키는 맥도나 피시 앤 칩스(McDonagh's Fish-and-Chips)와 마주 보고 있다.

펍은 1990년대에 한차례 내부 보수를 거치긴 했지만, 실상 400년이나 된 건물이다. 지금은 하나의 펍으로 통용된 공간이 이전에는 펍, 숙박시설, 서점 등의 구역으로 나뉘어 있었다. 내부는 스테인드글라스, 고딕 스타일의 의자 등 중세 프랑스 교회에서 가져온 장식품들로 꾸며져 있다.

처음 들른 손님도 단골처럼 주문하는 메뉴는 '오이스터(Oyster)'와 기네스 한 잔이다. 더블린의 기네스 스토어하우스에도, 많은 펍에도 오이스터와 기네스가 짝꿍처럼 그려진 그림들을 볼 수 있는데, 그만큼 둘은 환상의 조합이라는 뜻이다. 바다 향이 나는 시큼한 오이스터를 베어 물고 천천히 그 맛을 음미한 뒤, 기네스 한 잔을 들이키면 곧 행복한 탄성이 터져 나온다.

아일랜드 역사에서 굴은 특별한 의미를 가지고 있다. 가난한 이들의 굶주린 배를 채워 준 오이스터는 특히 대기근 동안 고마운 식량 자원이 되었다. 그러나 냉장시설이 갖춰지기 전에는 오직 9월부터 12월까지만 먹을 수 있었다. 오이스터의 산란 기간인데다가, 서늘한 날씨 덕에 상할 염려가 없었기 때문이다.

기술의 발전으로 1년 내내 신선한 오이스터를 먹을 수 있게 되자, 겨울뿐 아니라 여름에 이곳을 찾는 여행자들도 더욱 많아졌다. 선선한 여름밤이면 어김없이, 다양한 대륙에서 온 여행자들의 다양한 억양이 기네스 한 잔과 부딪치는 소리를 들을 수 있다.

골웨이의 작은 스페인,
Spanish Arch

매일 밤 9시쯤이면 펍에서 흘러나오는 멜로디가 알록달록한 건물이 블록들처럼 이어진 키 거리를 파고든다. 우리는 거리를 걷다가 익숙한 듯 익숙하지 않은 멜로디에 멈춰 섰다. 얼핏 듣고는 조금 독특한 아일랜드 전통 음악인 줄만 알았다.

스페니시 음악가인 그들은 스페인의 까탈루냐 지방의 민요를 연주하고 있었다. 스페인 백파이프인 '가이타(Gaita)'는 유리 쟁반에 구슬이 구르는 듯, 맑은 소리를 내면서 빠른 박자에 흥겨움을 더했다. 아일랜드 백파이프인 '일리언 파이프(Uilleann pipes)'와 소리도, 연주 방법도 달랐다. 게일어인 '일리언'은 팔꿈치라는 뜻인데, 입으로 공기를 넣는 가이타와 달리 팔꿈치로 눌러

서 공기를 넣는 원리로 연주된다.

　기분 좋게 취한 몇몇 손님들은 빠른 박자에 맞춰 춤을 추기 시작했다. 스페니시 음악가들은 관객과의 호흡도 척척 맞추었다. 음악을 듣는 맛에 그들을 보는 재미까지 더해졌다. 이곳에선 일주일에 2번은 스페인 음악을, 5일은 아이리시 전통 음악을 접할 수 있다. 골웨이에서 스페인의 흔적을 느낄 수 있다는 것은 반가운 일이다.

　사실 골웨이지안에게 스페인은 낯선 나라가 아니다. 펍의 이름 스페니시 아치(Spanish Arch)는 코리브 강둑에 세워진 '스페니시 아치'에서 유래했다. 스페니시 아치는 1584년에 지은 요새의 일부로 골웨이 성벽과 연결된 방어벽이었다. 그러나 점차 외국과 교류가 빈번해지면서 골웨이의 국제적인 무역항이 되었다.

　특히 19세기에 많은 스페인 상선들이 드나들면서 방어벽은 지금과 같은 이름으로 불리게 되었다. 100년 전까지만 해도 이 터에서 어시장(Fish Market)이 열리면서 스페니시 아치는 다시 한번 골웨이의 주요 무대로 발돋움했다. 지금은, 마주 보는 골웨이 시립 박물관(Galway City Museum)과 함께 골웨이의 역사를 보여 주는 관광 명소다.

골웨이를 가르는 '골웨이 후커'

펍 곳곳에는 스너그가 있다. 넓은 공간이지만, 칸칸이 품을 내어 주는 스너그 덕에 아늑한 느낌이 든다. 원래 이곳은 바로 옆 가게인 맥도나 피시 앤 칩스가 소유하고 있던 수산물 가공장이었는데, 주인이 바뀌면서 펍이 되었다. 요새, 무역항, 시장 그리고 관광 명소로 코리브 강둑의 스페니시 아치가 끊임없이 회자되는 것처럼 펍 스페니시 아치도 골웨지안의 많은 사랑을 받고 있다.

나는 '골웨이 후커(Galway Hooker)' 한 잔을 주문했다. 시민 공모전을 통해 탄생한 이 이름은 골웨이 배이(Bay)에서 볼 수 있는 전통적인 고기잡이 배 '골웨이 후커'에서 유래했다. 매춘부라는 뜻도 있어서 미국 사람들이 들으면 황당할 이름이라고. 강한 물살을 날렵하게 헤치는 골웨이 후커처럼, 2006년에 만들어진 이 맥주는 빠르게 골웨지안의 입맛을 사로잡았다. 4.3%의 알코올을 포함하는 골웨이 후커는 포도 향이 강한 수제 맥주다.

아일랜드 최고의 피시 앤 칩스,
McDonagh's Fish-and-Chips

22 Quay St, Galway, Co. Galway

많은 언론들이 앞다투어 소개한 '아일랜드 최고의 피시 앤 칩스'가 키 거리에 있다. 입구는 많은 대회에서 인정받은 갖가지 상들로 장식되어 있다. 소문난 잔치가 무엇으로 소문이 났는지 펍의 이름만 봐도 짐작이 간다. 소문난 잔치에 먹을 것이 없다는 것은 다 옛말인 모양이다.

'맥도나 피시 앤 칩스(McDonagh's Fish-and-Chips)'는 피시 앤 칩스 바(Bar)와 레스토랑으로 나뉘어 있다. 골웨이에 올 때마다 들르는데, 언제나 분주한 모양새다. 먼저 계산대 앞에서 메뉴를 고르고 자리에 앉으면 직원이 음식을 가져다준다. 피시 앤 칩스가 주 메뉴인 집답게 대구, 연어, 가자미, 가오리, 고등어 등 고를 수 있는 생선의 종류가 다양하다.

우리는 일반적으로 알려진 대구 튀김과, 조금은 새로운 연어 튀김을 골랐다. 오전에 바람을 쐬었던 코리브 강(Corrib River)의 연어 둑 다리(Salmon Weir Bridge)가 생각났다. 3월부터 6월까지 연어는 알을 낳기 위해 물살을 거슬러 코리브 강의 상류로 올라온다. 5월과 6월에 코리브 강둑에서 낚시를 하는 사람들을

283

많이 볼 수 있는 이유이다.

훈제 연어는 익숙해도 연어 튀김은 생소했다. 그러나 소스에 찍어 한 입을 베어 무는 순간, 이곳이 온 동네에 소문날 만한 이유를 알 것 같았다. 어부의 손을 떠난 지 몇 시간 만에 식탁에 오른 생선의 신선함이 도톰한 살과 바삭한 튀김옷을 뚫고도 남았다. 거기에 감자의 결이 살아 있는 투박한 칩스는 연어와 환상의 짝꿍이 되어 주었다.

피시 앤 칩스는 서양권에서 패스트푸드의 대명사다. 그러나 누가 이곳의 피시 앤 칩스를 그저 그런 패스트푸드라고 부를 수 있을까. 단순히 빨리 나오는 음식이 아니라 입맛과 건강까지 사로잡는 요리임이 분명하다. 물밀듯이 밀려드는 사람들로 자리가 부족하다면 코리브 강둑이나 에어 광장(Air Square)에 가 보자. 운치까지 더해져 더욱 배가 부르다.

그럼에도 1%가 부족하다면

골웨이에서 맥도나 피시 앤 칩스 말고도 해산물 음식으로 유명한 곳이 또 있다. 키 거리의 끝에서 울프 톤 다리(Wolfe Tone Bridge)를 건너면 하얀색 큰 건물이 보인다. 골웨이의 펍 중에서 가장 큰 규모를 자랑하는 펍, 먼로스(Monroe's)다. 이곳에서 차우더(Chowder) 수프와 새우 샌드위치(Prawn Sandwich)를 주문했다. 조개, 새우 등 해산물이 풍부한 크림 스프와 입안에서 고소하게 씹히는 새우 샌드위치가 아쉬운 1%를 완벽하게 채워 주었다.

수제 맥주 전문점,

The Salt House

Raven Terrace, Co. Galway

울프 톤 다리 위에 잠시 섰다. 콜럼버스가 신대륙을 발견하기 전에 마지막으로 들렀다는 이곳에는 제노바(Genova)에서 기증한 그의 기념비가 서 있다. 물결은 매서운 파도를 타고 더 넓은 대양으로 나아갔다. 나는 몇 발자국을 채 떼지 않고 다리 끝에서 또 멈춰 섰다. 더 솔트 하우스(The Salt House)는 에그린톤 운하(Eglinton Canal)와 코리브 강이 만나는 지점에 있다.

솔트 하우스 펍 이전에는 도커스 펍(Dockers Pub)이 있었다. 그리고 이 주변에

서 어부들은 갓 잡아온 신선한 물고기들의 무게를 쟀다. 하루 일과를 마친 그들은 도커스 펍에서 목을 축였다. 새로운 주인이 나타났을 때, 펍은 '게이 바'로 간판을 바꾸었지만 어부들은 개의치 않고 한결같이 펍을 찾았다고 한다.

골웨이 배이 양조장 그룹(Galway Bay Brewing Company Group)에서 운영하는 지금의 솔트 하우스는 더블린의 더 비어 마켓(The beer market)처럼 다양한 수제 맥주와 세계 맥주를 판다. 직접 내리는 수제 맥주 탭은 25개나 되고 이 외에도 100가지 정도의 병맥주가 있다. 그 중에서도 우리가 한눈에 반한 맥주는 미국 콜로라도에서 건너온 수제 맥주 '니트로(Nitro)'다.

니트로를 가장 맛있게 마시는 방법

펍에는 골웨이 배이 양조장 그룹의 로고 이외에도 여기저기에서 빨간 손 스티커를 볼 수 있다. 바로 미국의 래프트 핸드 양조장(Left Hand Brewing Company)이다. 그날 우리는 운이 좋게도 미국에서 특별히 초대된 손님을 만날 수 있었다. 바로 맥주 니트로의 창시자, 크리스 레널트(Chris Lennert) 씨가 솔트 하우스와 함께하는 날이었던 것. 그는 니트로 맥주를 가장 맛있게 마시는 법을 우리에게 전수해 주었다.

콜라에 이산화탄소가 있듯이 맥주에는 질소가 있다. 거품을 더 내고 청량감을 배가시키기 위해 맥주를 '활성화'시켜야 하는데 그 비법은 맥주를 어떻게 따르냐에 있다고 한다. 먼저 유리잔 바닥에 맥주병의 입을 붙인 다음, 한 번에 위로 들어 올리면 된다. 수도꼭지처럼 맥주가 콸콸 넘쳐흐르도록.

니트로는 기네스보다 커피 향이 더 강하면서 색은 비슷하게 검붉다. 그러나 활성화된 질소가 맥주에 섞이면서 특유의 부드러움을 만들어 낸다. 생크림처럼 부드러운 맥주를 마시며 나는 한 번 더 이 펍을 기억했다. '로컬 맥주'가 아닌 '베스트 맥주'를 고집하는 그들의 모토 덕에 미국의 수제 맥주까지 맛 볼 수 있었던 것에 고마운 마음을 가지며 말이다.

영원한 사랑,
Róisín Dubh

Lower Dominick Street, Galway

시인 예이츠가 골웨이를 두고 '서부의 베니스 (Venice of The West)'라고 했을 만큼, 골웨이는 대서양 서쪽 해안에 있는 문화의 중심지다. 음악이 끊이지 않는 음악가들의 이상향, 골웨이는 오늘도 보석처럼 빛난다. 대부분의 펍들이 매일 밤 라이브 공연을 열고, 실력 있는 밴드들이 골웨이로 모인다. 그래서 이곳은 날마다가 축제다.

펍의 입구에 있는 고독하면서도 매혹적인 검은 장미가 눈길을 끌었다. 게일어로 쓰인 펍의 이름 로신 둡(Róisín Dubh)은 '흑장미'라는 뜻이다. 실제로 존재하지 않는 품종인 흑장미의 꽃말 중 하나는 '영원한 사랑'이다. 영원한 사랑이 존재하지 않는다는 것에 대한 암시일까. 잠시 그런 생

289

각에 머물다 문을 여니 꿈꿔 온 예술의 세계가 눈앞에 있었다.

입구만 보았을 땐 아담해 보이지만, 내부는 1층과 2층으로 나뉜다. 1층에는 소극장 같은 홀이 있어서 제법 큰 공연이 펼쳐지고, 2층에도 작은 무대가 마련되어 있다. 홈페이지에만 접속해 봐도 얼마나 많은 공연들이 펼쳐지는지 알 수 있다. 이곳은 코미디, 락, 발라드, 전통 음악 등의 공연이 펼쳐지는 전문적인 공연 펍으로, 무료와 유료 관람이 있다. 유료 관람은 인터넷을 통해 미리 예매가 가능하다.

펍은 전통을 지키되, 새로운 시도도 마다하지 않으며 아일랜드 음악의 훌륭한 조력자가 되고 있다. 전통 음악으로 유명한 골웨이의 펍에서 다른 장르를 표방하는 젊은 아마추어 예술가들은 무대를 찾기 어려웠다. 그러나 로신 돕은 12년간 매주 목요일마다 정기적인 시간과 무대를 제공하며 그들의 활동을 지원했다. 그 무대에 섰던 이들 중에는 'Two Door Cinema Club', 'Villagers' 등이 있다.

우리는 1층에서 락 밴드의 공연을 얼마쯤 감상하다가 2층으로 올라갔다. 2층에서는 누구나 무대에 오를 수 있는 자유 공연이 한창이었다. 누군가 자신이 작곡한 노래를 기타 반주에 맞춰서 들려주었다. 술을 끊기로 작정하고 6주간 마시지 않았는데 여자친구와 헤어지면서 결국 마시게 되었다는 이별 이야기를 경쾌한 반주에 담아낸 노래였다.

누구나 한 번쯤 겪어 보았을 그런 이야기를 담은 가사에 공감의 박수를 보냈다. 그리고 노래를 나눠 들은 우리는 각자의 마음에 남은 상흔들을 어루만지며, 서로를 보고 웃었다. 영원히 지속되지 못한 사랑이 나 혼자만이 아닌, 우리 모두의 사랑 이야기라는 것에 작은 위안을 얻은 걸지도.

피리 부는 사나이,
The Crane Bar

2 Sea Rd, Galway, Co. Galway

어렸을 적에 독일 전래 동화 〈피리 부는 사나이〉를 읽은 적이 있다. 그의 연주가 얼마나 뛰어났기에 온 동네의 아이들이 그의 뒤를 따랐을까, 하고 궁금해 했다. 소리를 삼킨 활자 앞에서 그의 연주를 짐작조차 할 수 없었다. 그러다가 오늘, 틴 휘슬을 부는 사나이를 만났다. 모자를 눌러 쓰고 연주를 하는 그의 뒤로 열린 문을 통해 홀린 듯이 입장했다.

유명한 여행가이드 책에도, 인터넷에도 빠지지 않고 등장하는 곳이 더 크레인 바(The Crane Bar)다. '트래디셔널 아이리시 뮤직 펍 어워드(Traditional Irish Music Pub Award)'에서 두 번이나 상을 받았을 정도로 뛰어난 음악가들이 대단한 솜씨를 보여 주는 곳이다. 골웨이의 전통 음악을 즐기고 싶다면 가장 먼저 이곳을 찾아가자.

맥주를 주문하고 주변을 둘러보았을 때, 구석진 자리에서 한 노인을 발견했다. 그는 늙고 야위었다. 얼핏 보면 아무도 모르게 몸을 숨기고 있는 것처럼 보였다. 그러나 한 곡의 연주가 끝날 때마다 그의 박수 소리는 우레와 같았다. 누구보다 굵

직하고 힘을 실은 박수를 보낸 그는 유명한 피들(바이올린) 연주자 데시에 오 할로란(Dessie O' Halloran, 1940-)이었다.

잘 알려진 곡으로는 영화 〈프로포즈 데이〉에서 '피들의 여왕' 샤론 샤넌(Sharon Shannon, 1968-)과 함께 작업한 'Patsy Fagan'과 역시 그녀와 협업한 'Say you love me'가 있다. 두 곡 다 경쾌한 멜로디에 흥이 나는 가벼운 포크송들이다. 아일랜드 피들의 역사에 한 획을 그은 거장들의 만남만으로도 충분히 들을 만한 가치가 있는 곡들이다.

때로는 이곳에서 그가 직접 연주를 한다고 한다. 그런 기회를 마주하는 것은 큰

행운일 게다. 그날 밤, 그의 연주를 듣지 못한 것이 못내 아쉬웠지만, 그 같은 거장과 한 자리에 있었다는 것만으로도 감격적이었다. 그의 야윈 체구에서 용솟음치는 에너지를 나는 느낄 수 있었다.

한 가지 더 반가웠던 우연은 내가 방문했던 그 날이 바로 '프로포즈 데이'였다는 것. 아일랜드에서는 4년에 한 번 돌아오는 2월 29일에 여자가 남자에게 먼저 청혼하는 풍습이 있다. 만약 남자가 거절할 경우에는 실크 가운을 선물해 줘야 한다고. 악사들은 'Patsy Fagan'을 연주했다. 분홍빛으로 뺨이 붉어지는 커플들로부터 기분 좋은 설렘이 전해졌다.

오늘날, 더 크레인 바는 아일랜드 전통 음악의 명맥을 잇는 실력과 음악가들의 아지트다. '피리 부는 사나이'가 동네 아이들을 현혹했듯, 이 매혹적인 바는 많은 여행자들과 골웨지안의 발걸음을 이끌고 있다. 처음에는 단지 입소문을 따라 들렸다가 다음번에는 스스로 찾고 싶어질 곳이다. 바 안 가득 아일랜드를 품은 선율 속에서 충만한 행복감을 맛보시기를.

두 개의 문,

Thomas Connolly

1 Markievicz Rd, Sligo

슬라이고는 아일랜드의 민족 시인 윌리엄 버틀러 예이츠(William Butler Yeats, 1865-1939)가 잠들어 있는 곳이다. 그가 아일랜드 문학의 심장으로 우뚝 서기까지 하늘과 땅의 이치를, 바람과 강의 이야기를 들려준 슬라이고가 있었다. 문학도가 꼭 가 보아야 할 동네가 슬라이고라면 애주가에게 역시 마찬가지다. 슬라이고의 명성은 펍으로 이어진다.

가라보그 강(Garavogue River)을 마주 보고 있는 토마스 코넬리(Thomas Connolly) 펍은 1861년, 북서부에서 가장 먼저 펍 라이선스를 취득했다. 기나 긴 세월을 따라 흘러가 버린 물줄기만큼이나 펍은 많은 이야기들을 간직하고 있다. 어린 예이츠가 뛰어 놀던 시기부터 그가 벤 불벤 산(Ben Bulben) 아래에 묻힐 때까지 그리고 그를 추억하는 이들이 드나드는 오늘날까지도 펍은 한결같이 같은 자리를 지켜 왔다.

펍은 마키어비츠 로드(Markievicz Road)와 홀본 거리(Holborn Street), 두 군데로 난 입구를 가지고 있다. 마키어비츠 로드에 위치한 지금의 정문은 뒷문보다

약간 늦게 지어졌는데, 그 앞으로 배가 정박했기 때문이다. 유럽 각지에서 교역을
마친 배들이 항구 도시였던 슬라이고로 돌아왔고 식료품 가게를 겸하던 펍은 유럽
각지에서 온 차(Tea)로 유명해졌다.

입구가 두 군데이다 보니 여기에 얽힌 재미있는 이야기도 있다. 어떤 남자가 마
키어비츠 로드 입구 쪽으로 들어오려고 했다가 무슨 이유로 출입을 거절당하자
뒷문으로 다시 들어오려고 했다. 술에 거하게 취했는지 그는 같은 펍이라는 것도
모르고 주인에게 '당신은 도대체 몇 개의 펍을 가지고 있는 거야?' 하고 따져 물
은 적이 있다고.

1890년, 토마스 코넬리는 슬라이고의 시장이 되었다. 그가 이 펍을 친척에게서

인수한 시기도 그때다. 그와의 친분으로 찰스 스튜어트 파넬이 펍에 방문하기도 했다. 긴 시간만큼 펍이 가지고 있는 풍부한 역사는 또 있다. 오래된 난로는 자그마치 100년이 넘었고, 액자에는 1920년대에 가입한 화재 보험 계약서가 전시되어 있다. 앞쪽에는 티를 저장하던 보관함이 여전히 그 자리에 있다.

특이한 점은 유명한 펍이라면 흔히 찾아볼 수 있는 음식이 없다는 거다. 그것도 모르고 나는 바텐더에게 '이곳의 가장 유명한 음식이 무엇이냐'고 물어보았다. 그는 '기네스!'라고 외쳤다. 주변을 둘러보고 나서야 모두 술만 마신다는 것을 알아채고는 '그럼, 가장 유명한 술이 무엇이냐'고 물었다. 이번에도 그는 '기네스!'를 외쳤다.

장난스런 그의 말은 사실이었다. 손님의 90%가 기네스만 찾는 기네스 충성 고객이라고. 모두가 한결같이 기네스를 고집하는 데는 이유가 있을 것이다. 우리는 모두가 사랑한 슬라이고의 기네스 한 잔을 마시며 여유로운 오후를 보냈다.

'미슐랭 가이드' 선정 자타 공인 맛집,

Hargadon Bros

5 O'Connell St, Sligo

멀리서도 눈에 띌 정도로 하가돈 브로스(Hargadon Bros)의 고동색 외관은 고풍스러웠다. 슬라이고가 작은 타운이기도 하지만 쉽게 펍을 찾을 수 있었던 건 역시 잘난 외관 덕이다. 지금도 1868년, 펍이 처음 문을 열었을 때와 거의 변함이 없다고 하니 우리처럼 외관에 매혹된 수많은 신사 숙녀가 있었을 터다. 당시의 펍은 식료품 가게도 겸하여서 아이리시의 일상과 더욱 친밀했다고 한다.

외관뿐만 아니라 내부의 것들도 대부분 오랜 시간을 함께해 오며 같은 세월을 지났다. 입구 쪽 바닥이 미세하게 침몰되었지만 보수할 수 없다. 정부가 유산으로 보호하기 때문에 함부로 손을 댈 수 없기 때문이다. 하가돈 브로스를 눈여겨본 건 정부뿐만이 아니다. 2016년, 미슐랭 가이드(Michelin Guide)는 펍을 슬라이고에서 유일하게 뛰어난 가스트로 펍으로 선정하였다.

과연 그 맛의 비결은 무엇일까. 하가돈 브로스는 모든 재료를 국내산, 되도록이면 슬라이고를 원산지로 한다. 특히 여름이면 펍 소유의 농장에서 재배된 과일과 채소를 이용한다. 슬라이고의 공기와 농부의 정성을 한껏 들이마신 재료들은 식탁

에서 더욱 풍성해지고, 이는 하가돈 브로스만의 특급 비결이 되었다.

오직 이곳에서만 구입할 수 있는 와인, 테라몬티(Terramonti)가 있다는 것도 인상 깊다. 매니저 모건 씨는 프랑스의 랑그독(Languedoc) 지방에 있는 펍 소유의 12헥타르 농장에서 와인이 탄생한다고 귀띔해 주었다. 펍 뒤편과 연결되어 있으며 존스턴 코트 쇼핑센터(Johnston Court Shopping Centre) 내에 입점한 하가돈 브로스 와인 가게에서 구입할 수 있다.

모건 씨는 소중히 보관해 오던 펍의 유산들을 보여 주었다. 전부 100년 전에 사용되었던 귀한 물건들이었다. 차를 담았던 종이봉투는 얼마나 오래 되었는지, 펍의 주소가 오코넬 거리가 아닌 녹스 거리(Knox Street)라고 표기되어 있었다. 아마 거리 이름이 바뀌기 전, 1920년대 그 이전이었을 것이다.

그가 조심스럽게 펼쳐 보인 것 중에는 외상값을 적어 놓은 장부도 있었다. 그는 100년 전이나 지금이나 술을 먹고 제때 값을 갚지 않는 이들이 있다고 웃어 보였다. 그러면서 지금도 변하지 않는 또 하나의 사실이 있는데, 그건 그때나 지금이나 하가돈 브로스가 높은 명성을 자랑하는 것이라 했다. 100년 전의 비즈니스용 명함이 그의 말을 입증해 주었다.

새하얀 평화의 날개를 달고,
Ulster 얼스터

물안개가 자욱한 골목 끝을 바라보았다. 안개가 걷히면 때 이른 졸음을 좇고 달려온 늙은 말이 서 있을 법한 그런 새벽녘의 골목이었다. 그런데 몽환적인 분위기가 안개에 젖어 피어오르던 그곳엔 말이 아니라 오래된 펍 하나가 제법 단단하게 서 있었다.

'Dirty Old Town',
The Reel Inn

R925, Co. Donegal

도네갈은 게일어로 'Dún na nGall'이라고 표기하는데, 이를 이해하지 못했던 영국인들이 들리는 대로 써 버리는 바람에 지금의 'Donegal'이 되었다. 도네갈 카운티는 아일랜드의 가장 북쪽에 있지만 북아일랜드는 아니다. 북아일랜드와의 경계로 인해 지리상 외로운 주가 되어 버렸다. 북쪽에 위치해서 비바람도 많이 불고 더블린에서 가는 교통편도 마땅치 않다. 그러나 평화로운 농경 생활, 아름다운 자연 그리고 여유로운 아이리시의 삶을 보고 싶다면 도네갈 카운티의 도네갈 타운으로 떠나야 한다. 운이 정말 좋으면 덤으로 오로라까지 볼 수 있다는 사실.

더블린에서 도네갈까지 버스로는 약 4시간 반이 걸린다. 슬라이고까지 기차를 타고 가서 다시 버스로 갈아타는 방법도 있다. 우리는 슬라이고를 둘러보고 도네갈로 향하는 여행 일정을 잡았다. 슬라이고의 벤 불벤 산을 지나쳐도 계속해서 절벽 같은 산들이 이어졌다. 1시간 정도 달렸을까. 도네갈 타운의 중심인 삼각형 모양의 광장이 나타났다.

몇몇 펍들이 삼각형의 구도를 따라 위치해 있다. 숙소 주인이 추천해 준 펍, 릴

인(The Reel Inn)으로 향했다. 한가로운 광장으로부터 흘러나오는 멜로디와 불

빛 그리고 에스케 강(River Eske)의 물줄기는 도네갈이 건네는 평화의 메시지

와 같았다.

펍의 문을 열자마자 눈이 너무 부셨다. 문자 그대로 진짜 눈을 뜰 수 없을 정도

였다. 더 릴 인의 조명은 하얀 백열전구를 사용해 대낮처럼 밝다. 아일랜드에서는

펍뿐만 아니라 가정집에서도 어두운 조명이 어둡기 때문에 문을 여는 순간, 예상

치 못한 강한 빛에 놀라 인상이 찌푸려졌던 것이 사실이다. 우리가 방문해 본 모든

펍을 통틀어 가장 밝은 빛을 내고 있었다. 이유는 간단했다. 주인은 뛰어난 음악가

들의 연주를 제대로 즐기기 위해서는 관객들이 그들을 볼 수 있어야 한다고 생각

했다. 그 어떤 것도 연주를 방해해서는 안 된다는 그녀의 철칙이다.

아이리시 노래 '더티 올드 타운(Dirty Old Town)'이 연주되기 시작했다. 한없

이 평화롭고 조용한 이 타운에서 말이다. 신나는 반주에 맞춰 분위기는 더욱 고조

되었다. '도네갈'이 이 노래를 듣는다면 꽤나 억울해 하지 않을까, 하고 생각하니 웃음이 터져 나왔다. 한 곡이 끝나자 주인은 연주자들에게 맥주 한 잔씩을 대접했다. 어떤 남자가 '나도 공짜로 맥주를 좀 얻어먹을 수 없겠느냐'고 농담하자, 그녀가 시원스럽게 대답했다.

"물론. 당신이 음악을 들려주기만 한다면!"

로컬은 오직 나뿐!

여름날 밤에는 일주일에 5일씩, 아이리시 댄스 공연이 펼쳐진다. 특히 4명의 자매로 이루어진 아이리시 댄스 그룹 '시즈 오브 애니스(Siege of Ennis)'의 공연은 항상 인기가 좋다고. 공연 후에는 댄서들이 직접 손님들에게 댄스를 가르쳐 주며 더욱 친밀한 사교의 시간을 가진다고 한다. 펍의 조명이 항상 밝은 것이 이해가 되었다. 펍은 그야말로 누구나 보고, 배우며, 즐기는 축제의 장이다.

이곳은 진정으로 음악을 좋아하는 이들이 만들어 가는 공간이다. 고장 난 지 오래인 텔레비전은 외따로이 한 모퉁이를 차지하고 있을 뿐이었다. 이곳에서는 공연을 보거나, 함께 공연을 하거나 둘 중 하나다. 다른 선택권은 없다. 그리고 또 하나 없는 것. 누군가 로컬 맥주가 있냐고 물어보자, 다시금 시원스러운 주인의 대답이 돌아왔다.

"여기에서 로컬은 오직 나 하나뿐이라네!"

많은 나그네들이 구름처럼 쉬었다 가는 곳, 릴 인이다.

오래된 성,
Olde Castle Bar

Castle St, Donegal Town, Co. Donegal

올드 캐슬 바(Olde Castle Bar)는 릴 인 펍의 맞은편에 있다. 'Old'의 고어인 'Olde'에서 짐작이 가듯, 펍은 강둑에 위치한 도네갈 성(Donegal Castle)을 뜻하는 듯했다. 도네갈 성은 영국의 침략에 맞서 싸운 영주 휴그 오도넬(Hugh O'Donnell)이 1607년, '백작들의 탈출(Flight of the Earls)'로 아일랜드를 떠나기 전까지 살았던 곳이다.

백작들의 탈출은 영국에 대항할 힘은 없었지만 순종하기는 싫었던 약 90명의 얼스터 귀족들이 아일랜드를 떠난 사건이다. 당시만 해도, 도네갈 성은 아일랜드에서 둘째가라면 서러울 정도로 아름답고 웅장하기로 소문이 자자했다. 이후 한 영국 백작이 이곳에 자리를 잡고 살다가, 200년 전부터는 버려진 채로 세월을 보내 왔다고 전해진다. 예전처럼 찬란한 빛을 찾은 건 최근, 1990년대에 들어와서다.

짐작대로 펍은 본래 넓은 면적을 가지고 있던 성의 일부분이다. 재미있는 사실은 이곳이 가축을 기르던 방목지였다는 거다. 내부의 앞쪽에 위치한 기둥들과 나무 소재들은 손상되지 않은 옛 건물의 흔적들이다. 특히 스너그처럼 아늑하게 막

307

힌 공간은 왕의 말을 기르던 곳이었다고. 말이 여물을 먹던 곳이 지금은 멋진 레스토랑으로 탈바꿈했다.

크림소스 홍합 찜을 드셔 보세요!

릴 인 펍이 도네갈의 흥을 책임진다면, 이곳은 완벽한 한 끼의 식사를 책임진다. 올드 캐슬 바는 아이리시 해양 어업 이사회가 선정하는 'B.I.M Seafood Circle'의 멤버로 선정되기도 했다. B.I.M Seafood Circle은 뛰어난 해산물을 공급하는 펍, 호텔, 식당 등을 인증한다. 엄격한 기준을 통과한 음식들은 어떤 맛을 보여 줄까. 우리는 '아틀란틱 씨푸드 차우더(Atlantic seafood chowder)'와 '도네갈 배이 홍합(Donegal bay mussels)'을 주문했다.

골웨이에서 한 번 맛보고 반해버린 차우더는 단연 뛰어난 선택이었다. 이 펍만의 특색이 있다면, 올드 캐슬 바의 차우더는 우리나라 사람의 입맛에 맞을 법한 걸죽한 죽과 같았다는 것. 풍부한 해산물이 입속에서 고소하게 녹아내렸다. 도네갈 배이 홍합 찜은 한 대접에 수북하게 쌓여 나왔다. 크림소스가 버무려진 고소함과 홍합 본연의 짭짤함이 어우러져 풍미를 더했다.

직원은 대부분의 해산물이 카운티 도네갈의 킬리벡스(Killybegs)로부터 매일 아침 공급된다고 했다. 킬리벡스가 뛰어난 해산물로 워낙 유명한 타운이기에 더블린 등지에서도 킬리벡스의 해산물을 접할 수 있지만, 도네갈에서 먹는 것과 그 신선함을 비교할 수 있겠냐는 그의 웃음에서 자부심이 느껴졌다. 특히 5월부터 10월까지는 즉석에서 잡은 랍스터 요리를 맛볼 수 있다고 하니 그것 또한 기대가 된다.

빅토리아 시대를 만나다,

The Crown Liquor Saloon

46 Great Victoria St, Belfast, County Antrim BT2 7BA, UK

더블린에서 버스를 타고 유로파 버스 정류장에 도착했다. 쭉 뻗은 고속도로를 타고 2시간 30분만에 닿는 영국 땅인데, 여권이 따로 필요하지 않다. 눈에 띄는 다른 점은 북아일랜드에서는 영국의 통화 단위인 파운드(Pound)를 사용해야 한다는 것이다. 우리는 미리 준비해 온 파운드를 확인하고 정류장을 나섰다.

벨파스트에 올 때마다 언제나 크라운 리큐르 살롱(Crown Liquor Saloon)을 들른다. 일부로 찾지 않아도 유로파 버스 정류장 코앞에 위치해서 벨파스트 여행의 시작은 항상 이 펍과 함께다. 벨파스트에 들렀다면 위치상으로도, 그 명성으로도 반드시 방문해야 할 곳이다. 많은 여행 책과 인터넷에서 앞다투어 소개하는 데에는 그만한 이유가 있다는 것을 알게 된다.

현재 영국의 내셔널 트러스트(National Trust)가 관리하는 이곳은 빅토리아 시대를 완벽히 보존하고 있다. 내셔널 트러스트는 역사적인 의미가 있거나 보존할 만한 자연경관을 소유, 관리하는 영국의 민간단체다. 옛 시대의 스테인드글라스, 은은한 멋을 풍기는 가스등, 아늑한 스너그 그리고 군데군데 새겨진 모자이크 조

각들이 아름다운 합을 이룬다. 펍의 유명세가 한눈에도 이해가 갈 정도.

입구에서부터 모자이크를 이루는 타일들이 눈길을 사로잡는다. 1800년대 후반 벨파스트에 머물렀던 이탈리아 장인들의 솜씨다. 한창 교회 건축에 열을 올리던 시절, 많은 이탈리아 장인들이 이곳으로 건너왔다. 당시 주인이던 패트릭 플래너건(Patrick Flanagan)은 그들에게 특별히 이 모자이크를 부탁했고, 마침내 벨파스트의 보석이 탄생하게 되었다.

모자이크는 펍의 이름처럼 왕관 모양을 하고 있는데 여기에 얽힌 재미있는 이야기가 있다. 가톨릭을 믿던 패트릭 플래너건과 신교도이던 그의 아내는 펍의 이름을 정하면서 한바탕 논쟁을 벌여야 했단다. 결국 그는 아내의 뜻에 따라 영국 왕실을 떠받치는 의미로 'Crown(왕관)'을 넣었다. 그러나 그도 만만치 않은 상대였던 듯한데, 사람들이 '왕관'을 밟고 지나가도록 바닥에 왕관 모양의 모자이크를 했던 것이다.

분쟁의 소용돌이에서 피어난 꽃

크라운 리큐르 살롱은 백 년이 넘는 세월 동안, 분쟁으로 얼룩진 벨파스트를 위로하며 시민들의 안식처가 되어 주었다. 1998년, '굿 프라이데이 협정(Good Friday Agreement)'을 통해 평화의 봄을 맞았지만 벨파스트는 불과 얼마 전까지만 해도 유혈사태가 끊이지 않는 위험한 도시로 여겨졌다.

1921년, 아일랜드가 영국의 800년 지배에 마침표를 찍었을 때 신교도가 수적으로 우세한 북아일랜드 지역은 영국연방에 남기로 했다. 이를 반대하는 아일랜드계 무장 독립 세력인 IRA(Irish Republican Army)가 1900년대 중반부터 활동하기

시작했고 구교도와 신교도는 서로 보복테러를 하기에 이른다.

1991년과 1993년에는 IRA가 크라운 리큐르 살롱의 바로 맞은편에 위치한 유로파 호텔에서 폭탄 테러를 일으켰다. 이 사건은 유럽의 호텔에서 일어난 가장 큰 폭발 테러로 기록되었다. 불행 중 다행인 것은 빅토리아 시대의 산실로 여겨지는 크라운 리큐르 살롱은 별다른 피해를 입지 않았다는 것이다. 험난했던 역사의 소용돌이 속에서도 온전히 보존된 이 펍이 그때의 그 슬픔을 담담하게 말해 주고 있는 것 같았다.

포팅거스 엔트리에서 일어나는 일,
The Morning Star

물안개가 자욱한 골목 끝을 바라보았다. 안개가 걷히면, 때 이른 졸음을 쫓고 달려온 늙은 말이 서 있을 법한 그런 새벽녘의 골목이었다. 그런데 몽환적인 분위기가 안개에 젖어 피어오르던 그곳엔 말이 아니라 오래된 펍 하나가 제법 단단하게 서 있었다.

펍의 입구에는 성 마가(St Mark)를 형상화한 날개 달린 사자가 사람들을 지켜보고 있다. 성 마가는 신약 성서 마가복음의 저자다. 그와 잠시 눈을 맞추고 내부로 들어갔다. 가장 먼저, 곳곳의 나무 선반과 기둥들이 눈에 들어왔다. 반짝반짝 빛나는 광만 본다면 펍이 삼켜버린 세월의 장대함을 짐작조차 못했을 것이다.

1810년에 지어진 더 모닝 스타(The Morning Star)는 200년이나 포팅거스 엔트리(Pottingers Entry) 골목을 지켜 왔다. 세월이 가고 시대가 변하는 동안, 펍은 한결같은 모습으로 인내해 왔다. 여전히 그 시절인 양, 변함없는 모습에 사람들은 '살아있는 박물관'이라는 별명을 붙였다.

그러나 골목을 오고 가는 사람들을 지켜본 건 성 마가뿐만이 아닌 듯하다. 오래

된 건물에는 으레 괴담이 하나씩 있기 마련이고, 이곳도 예외가 아니다. 사람들의 입에서 끊임없이 회자되는, 교령회에서 모인 심령술사도 고개를 끄덕였다는 그 괴담. 도대체 무슨 사연일까.

펍의 2층은 작은 계단을 사이에 두고 크게 두 군데의 공간으로 나뉜다. 아래 공간은 20년 전에, 작은 감옥이었던 옆 건물과 합쳐 탄생한 공간이라고 한다. 벽을 허물고 펍으로 보수했는데 그때부터 종종 이상한 소리가 들려온다는 것. 아마 눈을 편히 감을 수 없었던 죄수들의 원한이 맺혀 있는 것은 아닐까, 추측만 해볼 뿐이다.

넉넉한 한 끼 식사, 반가운 뷔페

으스스한 유령 이야기 말고도 이곳에 들러야 할 이유는 또 있다. 가격 대비 아주 훌륭한 뷔페(Buffet) 스타일의 점심을 맛볼 수 있는 곳이기 때문이다. 매시 포테이토, 파스타, 라자냐, 샐러드, 삶은 돼지고기, 고기 파이 등 보기만 해도 먹음직스러운 메뉴들을 약 6파운드에 맛볼 수 있다. 제약 없이 담을 수는 있지만 1인당 1회 1접시로 제한되어 있다.

꽉 찬 접시는 보기보다 양이 많으므로 아쉬워하지 않아도 된다. 수북이 음식을 쌓다가는 도리어 남길 수도 있으니 너무 욕심 부리지 말자. 이렇게 맛깔스런 음식들을 먹고 있노라면 간담을 서늘하게 했던 유령 이야기도 모락모락 피어오르는 김과 함께 기억의 저편으로 사라진다.

그렇게 부른 배를 부여잡고 펍을 나오려는데 2층에서 한참 동안 이야기를 나누었던 직원이 내게 눈을 찡긋해 보였다. 포팅거스 엔트리 골목의 또 다른 유령인, 우유를 파는 여인을 볼지도 모른다고 말이다. 금세 다시 으스스해진 우리는 한동안 유령 괴담을 입에 올리지 못했다.

마담 뮤리엘,

Muriel's Café Bar

12-14 Church Ln, Belfast BT1 4QN, UK

하이 거리(High Street)가 생겨나기 전에는 파셋 강(Farset River)이 흘렀다. 여전히 지반 아래로 물줄기가 흐르지만 시가지는 많이 바뀌었다. 선박 회사들이 즐비했던 자리를, 지금은 요란한 경적 소리의 자동차들이 차지하고 있다. 이 하이 거리와 채 몇 발자국 떨어지지 않은 곳에서 우리는 또 다른 소문의 그림자를 밟을 수 있었다.

한낮에도 뮤리엘의 카페 바(Muriel's Café Bar)는 어두웠다. 가운데 놓인 빨간색 조명은 자못 야릇한 분위기를 더했다. 진열장에 놓인 여자 두상 마네킹들과 천장 줄에 매달린 수많은 여성 속옷들은 '우리가 제대로 찾아온 것이 맞나' 하는 의심이 들게 할 정도였다. 주인이 함께 나누고픈 펍의 이야기는 대체 무엇일까.

다소 파격적인 펍의 콘셉트와 관련해서 전해 내려오는 이야기가 있다. 원래 이 공간에 뮤리엘이라는 마담이 살았는데, 낮에는 모자를 만들어 팔았고, 밤에는 길거리의 여자들을 예쁘게 치장시킨 후 2층에서 매춘을 시켰다고 한다. 그 까닭에 하이 거리 주변에 정박했던 선원들은 항구와 몇 발자국밖에 떨어지지 않은 이곳

317

을 즐겨 찾았다.

　주인은 마담의 일화를 테마로 2층을 화려한 프랑스 스타일로 꾸며 놓았다. 벽난로와 샹들리에가 풍요로움을 더하고 있어서 티타임을 갖기에도 좋다. 어디까지나 소문 속 분위기를 구성해 놓았을 뿐이지 그 시절의 흔적을 찾을 수는 없다. 지금의 펍은 증축을 거쳐 예전보다 2배나 더 커졌는데, 1층의 기둥은 이전 모습의 유일한 흔적으로써 본래 건물의 경계를 보여 준다.

진과 함께하는 세계 여행

1층의 진열장에 전시된 두상 마네킹은 모자를 팔았다는 소문 속 마담의 이야기에서 영감을 얻은 장식이다. 마네킹을 보고 흠칫 놀라다가 고개를 돌리면 또 한 차례 놀란다. 수많은 진(Gin)들이 바(Bar)의 진열장에 컬렉션처럼 전시되어 있기 때문이다. 고르기도 어려웠던 약 120개의 진들 중에서 마침내 벨파스트의 진인 '죠박스(Jawbox)'를 주문했다.

진은 탁월한 베이스 술로 유명하다. 얼음, 레몬, 라임, 탄산수와 함께라면 그 안에 뭘 섞어도 훌륭한 칵테일이 탄생한다. 직원은 순수한 죠박스에 '허니 콤(Honey Comb)'을 추가해 주었다. 쌉싸래하면서도 깊은 단맛이 진 특유의 투명함을 꿰뚫고 새어 나왔다.

벨파스트에서 이렇게 많은 진을 구경할 수 있는 펍도 드물다. 진을 사랑하는 동호회인 주니퍼 클럽(Juniper club)의 모임이 종종 이곳에서 열리는데 그때마다 재미있는 이벤트를 연다고. 큰 여행 가방에 각국의 이름을 적은 종이들을 넣은 후, 뽑기를 통해 선택된 나라의 진을 마신다고 한다. 다른 손에 여권을 쥐고 뽑는 것은 필수다. 진과 함께 하는 세계 여행이라니. 상상만 해도 즐겁다.

예술가들의 놀이터,
The John Hewitt

51 Donegall St, Belfast BT1 2FH, UK

1999년에 문을 연 더 존 휴이트(The John Hewitt)는 벨파스트 실업자 자원 센터(The Belfast Unemployed Resource Centre)가 운영해 오고 있다. 다양한 사회 활동을 주관하는 그들은 어느 날, 자금을 모색하다가 기막힌 아이디어를 낸다. 스스로 사업을 해서 자금을 모으는 것. 아이리시의 환심을 사기 위한 사업 선정은 어렵지 않았다. 그들에게 일상이나 다름없는 펍을 열기로 한 것이다.

문을 연 지 얼마 되지 않은 펍이지만, 나무 바닥, 높은 천장, 벽난로 등 실내 장식은 전통적인 스타일을 따른다. 거기에 흔한 텔레비전도, 음악이 흘러나오는 라디오도 없다. 디지털이 생략해 버린 많은 의미들을 되찾으려는 듯 펍에는 아날로그 감성이 충만히 흐른다. 이웃들과 쉼 없이 이야기를 나누거나 밴드의 공연을 오롯이 즐기기에 좋다.

펍의 이름은 센터를 설립한 북아일랜드의 시인, 존 휴이트(John Hewitt, 1907-1987)에서 기인했다. 그의 바람처럼 펍은 많은 아마추어 예술가들의 작품을 선보이고 있다. 뿐만 아니라 벨파스트의 축제에서도 주요 무대를 제공하며 문화 공

헌에 앞장선다. '더 오픈 하우스 페스티벌(The Open House Festival)'에 참가한 기타리스트 시식 스티브(Seasick Steve)도 이곳에서 공연을 했다. 그는 '존 휴이트 펍에서 공연을 할 수 없었다면 지금처럼 유명해지지 못했을 것'이라고 인터뷰한 적이 있다.

야드맨(Yardsman), 벨파스트의 과거를 떠올리다

이곳은 벨파스트의 모든 크래프트 맥주를 맛볼 수 있는 곳으로 유명하다. 그래서 '벨파스트 맥주의 신전(The Belfast Beer Temple)'이라는 별명이 붙었다. 우리는 직원의 추천에 따라 '야드맨(Yardsman)'을 주문했다. '야드맨'은 배를 만드는 사람을 의미한다. 이름에 숨겨진 의미를 알아차렸다. 향긋한 과일 향이 나는 맥주를 비워 내는 동안, 배들과 뱃사람들로 북적였을 벨파스트가 상상되었다.

야드맨을 제조한 헤라클레스 양조 회사(Hercules Brewing Company)는 벨파스트에서 가장 먼저 문을 연 수제 맥주 회사다. 약 160년 전, 벨파스트는 항구와 조선 도시로서 순풍을 맞았다. 그리고 무역이 활발했던 19세기의 세계 경제 흐름은 벨파스트의 급성장을 더욱더 부추겼다. 리넨(Linen) 산업으로써도 명성을 날리던

이 항구도시에서 많은 선적들이 건조된 것은 자연스러운 일이었다.

　그중에는 '신도 침몰시킬 수 없는 배'라고 불렸던 타이타닉(Titanic)이 있었다. 많은 벨파스트의 남자들이 타이타닉을 건조한 선박 회사 할랜드 앤드 볼프 (Harland & Wolff)에서 일했다. 할랜드 앤드 볼프 사의 육중하고 노란 크레인은 지금도 벨파스트의 랜드마크다. 타이타닉 호 침몰 100주년에 맞춰서는 타이타닉 벨파스트(Titanic Belfast)가 문을 열었다. 타이타닉 호의 뱃머리 모양을 본 따 지은 타이타닉 벨파스트는 리넨과 해양 산업의 발전, 타이타닉 호의 건조 과정부터 사고 당일 교신 기록까지 전시해 놓은 박물관이다.

공식적으로 가장 오래된 펍,
White's Tavern

2-4 Winecellar Entry, Belfast, Antrim BT1 1QN, UK

몇 번째 같은 구역을 헛돌았다. 지도상에 블록으로 둘러싸인 화이트 터번 (White's Tavern)의 입구를 찾을 수가 없어서 쳇바퀴 돌 듯 같은 걸음을 반복했다. 그러다가 마침내, 펍과 이어지는 와인셀러 엔트리(Winecellar Entry)를 발견했다. 와인셀러 입구는 하이 거리, 로즈마리 거리(Rosemary Street) 그리고 롬바르 거리(Lombard Street)와 이어져 있어서 어느 곳에서든 접근이 용이했다. 단순한 '문'인 줄 알고 터널을 그냥 지나쳐 버린 까닭에 계속 길을 헤맨 것이었다.

와인셀러 엔트리는 더 모닝 스타와 이어지는 포팅거스 엔트리와는 또 다른 분위

기를 가지고 있다. 약 260년이 넘는 세월 동안, 이 작은 터널로 와인 상인들이 드나들었다. 그들은 1630년에 문을 연 화이트 터번에 각지의 다양한 와인을 소개했고 '와인 저장실'이라는 의미를 갖는 엔트리의 이름도 여기에서 유래했다. 엔트리를 통해 몇 발자국 들어가면, 작은 광장 같은 곳에 진짜 펍의 입구가 있다.

많은 사람들이 켈리스 셀러(Kelly's Cellars)를 벨파스트에 현존하는 가장 오래된 펍으로 알고 있지만, 화이트 타번은 '공식적으로' 가장 오래된 펍이다. 켈리스 셀라가 먼저 문을 열긴 했지만 화이트 타번이 술을 팔 수 있는 정식 라이선스를 더 빨리 획득했기 때문이다.

펍은 오랜 시간 동안 벨파스트 주민들의 삶에 숨을 불어 넣었다. 일주일 내내 다양한 공연들이 끊이지 않는데, 리차드와 내가 갔던 날에는 2층에서 자선단체의 공연이 한창이었다. 2파운드의 기부금만 내면 누구나 수준 높은 밴드의 공연을 감상할 수 있었다.

뒷골목 괴담

포팅거스 엔트리와 와인 셀러 엔트리는 분위기도 크기도 다르지만 하나의 공통점이 있다. 더 모닝 스타가 그랬듯 화이트 터번에도 괴담이 끊이지 않는다는 것이다. 이번에는 또 무슨 이야기로 등골을 오싹하게 할까. 소문은 가로막힌 블록을 타고 벨파스트의 시내로 퍼져 나갔다. 마침내 신문에도 보도되어 한동안 떠들썩했던 그 소문.

전해지는 이야기에 따르면 수백 년 전, 작은 소녀가 2층에서 살해되었고, 그녀의 시신이 펍의 벽 어딘가에 숨겨져 있다고 한다. 가끔 여자 아이의 울음소리가 들려 직원들조차도 1층과 2층에 혼자 있는 것을 꺼린다고. 맥주를 내려 주던 바텐더는 유리잔이 아무 이유 없이 흔들리거나, 맥주 탭이 저절로 내려간 적도 있다고 회상했다.

1층의 한쪽 벽면에 액자로 전시되어 있는 신문을 발견했다. 허연 무언가가 여자의 목을 감싸고 있었다. 아니 조르고 있었다. 누군가 무심코 찍었다가 뒤늦게 발견하고 신문에까지 소개된 바로 그 사진이었다. 흔히들 펍에서의 맥주 한 잔은 지친 영혼을 정화시켜 준다고 말한다. 시원한 맥주 한 잔은 일상의 시름까지 잊게 만들기 때문이다. 그렇대도 진짜 영혼을 보게 될 줄이야.

현존하는 가장 오래된 펍,
Kelly's Cellars

30-32 Bank St, Belfast BT1 1HL, UK

켈리스 셀러(Kelly's Cellars)와 화이트 터번은 '벨파스트에서 가장 오래된 펍'이라는 타이틀을 두고 매번 자리를 다툰다. 정확히 말해, 켈리스 셀러는 벨파스트에 현존하는 가장 오래된 펍이다. 화이트 터번보다 늦게 라이선스를 취득하는 바람에 공식적인 타이틀은 놓쳤지만 말이다. 어찌됐건 역사가 풍부한 펍이 많다는 것이 주민들에게는 퍽 기뻐할 만한 일이다. 벨파스트의 주민들은 자손대대로 이곳을 기억하며 지켜오고 있다.

티 없이 말끔한 하얀색 건물도 벽 사이를 파고든 세월의 흔적까지 지울 수는 없다. 군데군데 갈라진 벽과 테이블, 울퉁불퉁한 콘크리트 바닥은 그 세월을 말해 주는 듯했다. 어디서나 쉽게 맞닥뜨리는 플라스틱 소품 하나조차 없었다. 그래서일까, 이곳에 머물며 수백 년 전의 벨파스트의 일상을 떠올리는 것은 어렵지 않았다.

내부에는 'Céad Míle Fáilte'라고 새겨져 있는 아치형의 입구가 또 하나 있다. 게일어로 '10만 번 환영한다'는 뜻이라는 직원의 설명에 기분이 좋아졌다. 다른 영어권 국가에서보다 아일랜드에서 자주 듣는 인사말인 'Thanks a million'이 떠

올랐다. 그러고 보면 아이리시들은 사소한 것에도 크게 감사하고 베풀 줄 아는 겸손한 민족이 아닌가 싶다.

주인뿐 아니라 직원들 대부분이 게일어를 할 줄 안다고 했다. 자긍심을 가지고 모국어를 계승하려는 그들의 노력은 펍에서도 이어졌다. 서부도 아닌 북부 아일랜드에서 게일어를 접한 건 의외였다. 이런 노력과 실천 덕에 켈리스 셀라가 오랜 전통을 이어 오는 벨파스트의 대표적인 펍으로 자리매김할 수 있었던 것은 아닐까.

영웅의 피신처

주변을 둘러보니 여기저기에서 아이리시 스튜를 먹고 있었다. 4파운드라는 적당한 가격에 넘치는 맛으로 단단히 입소문을 탄 듯했다. 날씨가 사나운 날, 벽난로 앞에서 먹는 한 그릇의 스튜는 지친 몸과 마음에 생기를 불어넣어 준다. 스튜를 기다리는데, 낯익은 초상화가 눈에 들어왔다.

그는 1798년에 앤트림(Antrim)에서 봉기를 주도했던 헨리 조이 맥크래켄(Henry Joy McCracken, 1767-1798)이다. 1798년, 프랑스 대혁명에 고무되어 설립된 아일랜드 연합(Society of United Irishmen)은 반란을 일으켰다. 함께 혁명을 주도했던 그는 영국 경찰이 수사망을 좁혀 오자, 이곳의 카운터 아래로 숨었다고 한다. 결국 체포되어 처형을 당했지만, 민족의 불씨를 살리려 한 그의 애국정신은 오늘날까지 높은 평가를 받고 있다.

그래피티의 온상,
The Duke of York

7-11 Commercial Ct, Belfast BT1 2NB, UK

벨파스트 시내에는 유독 골목이 많다. 가로막힌 벽 앞에서 아쉽게 발걸음을 돌려도 보고, 예쁜 골목을 지나며 끊임없이 카메라 셔터를 누르기도 한다. 그러다가 우리의 시선은 말뚝처럼 이곳에 고정되었다. 새빨간 의자, 아기자기한 벽돌집, 허공에 피어난 화분 속 꽃들. 사진에서만 봐 오던 '유럽 골목'엔 봄의 향연이 한창이었다.

게 중에 특히 공중의 화분이 우리의 시선을 붙잡았다. 벽에 매달린 화분들은 고유의 온기로 거리를 환하게 밝히고 있었다. 가는 길이 아무리 바빠도 사진 한 장 찍지 않고서야 그냥 지나칠 수 없는 풍경이었다. 천천히 꽃향기를 음미하며 골목 한 가운데의 모퉁이로 다가가니 또 다른 예술이 펼쳐졌다. 벨파스트는 빈 벽을 좀처럼 내버려 두지 않았다.

듀크 오브 요크(The Duke of York) 펍을 마주한 건물은 펍의 창고 같은 곳이다. 그 뒤편의 주차장 벽은 그래피티(Graffiti)로 가득 차 있다. 벨파스트 시내 곳곳에서는 화려한 그래피티를 볼 수 있는데 이곳은 약 10년 전, 펍 주인의 전폭적

인 지원 아래 탄생된 명소이다. 벨파스트의 역사적 상징물이면서 벽화로 유명한
평화의 벽(The Peace Wall)을 볼 때와는 조금 다른 느낌의 감탄사가 우러나왔다.

하프 밥(Half Bap)의 변신

100년 동안 여기 사람들은 세인트 앤 성당(St. Anne's Cathedral) 뒤편의 도네
갈 거리(Donegall Street)와 힐 거리(Hill Street)를 포함하는 큰 구역을 하프 밥
(Half Bap)이라고 불렀다. 양 도로의 중간에 살던 제빵사가 밥(Bap)이라고 불리
는 싸고 맛있는 빵을 만들었는데, 이 구역의 어딘가에 있었던 로터리가 밥의 절반
을 가른 모양처럼 생겼다고 해서 붙여진 별명이 바로 '하프 밥'이라고 한다.

불과 100년 전까지만 해도, 벨파스트 시내에서 가장 지저분하고 가난했던 이 구
역이 지금은 벨파스트에서 가장 특별한 지점이 되었다. 지나간 시절을 회상할 수
도 없을 만큼, 오늘날엔 더할 수 없이 화사한 골목에 화려한 펍들이 들어서 있다.
특히 듀크 오브 요크 펍은 많은 관광버스들이 정기적으로 들르는 곳이다.

펍은 화려한 골동품가게 같다. 눈을 어디에 두어야 할지 모를 정도로 잡다한 장
식들이 펍을 가득 메운다. 천장에도, 옆
벽에도 사방팔방으로 달린 거울 속 거울
에서 다채로운 장신구들이 두 배, 세 배로
빛을 낸다. 맥주 회사들의 오래된 포스터
들과 스티커들도 그 무엇 하나 헛되지 않
고 펍을 휘감는 장식으로 사용되는데, 그
모양이 마치 밖에서 보았던 그래피티를
연상시킨다.

테마★로 만나는 인문학 여행 ⑦

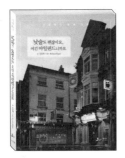

아 일 랜 드 펍 에 가 자

낮술도 괜찮아요,
여긴 아일랜드니까요

1판 1쇄 인쇄 2016년 7월 5일
1판 1쇄 발행 2016년 7월 10일

—

지 은 이 심은희 · Richard Eager
발 행 인 이미옥
발 행 처 J&jj
정   가 17,000원
등 록 일 2014년 5월 2일
등록번호 220-90-18139
주   소 (04987) 서울 광진구 능동로 32길 159
전화번호 (02)447-3157~8
팩스번호 (02)447-3159

—

ISBN 979-11-86972-13-7 (03920)

J-16-03

J&jj 제이앤
제이제이
www.jnjj.co.kr